Gustave Kouaforou

Audit et définition de la politique de sécurité d'un réseau

Gustave Koualoroh

Audit et définition de la politique de sécurité d'un réseau

Audit de sécurité du réseau informatique d'une banque Définition de la politique de sécurité du réseau informatique d'une banque

Éditions universitaires européennes

Mentions légales/ Imprint (applicable pour l'Allemagne seulement/ only for Germany)
Information bibliographique publiée par la Deutsche Nationalbibliothek: La Deutsche Nationalbibliothek inscrit cette publication à la Deutsche Nationalbibliografie; des données bibliographiques détaillées sont disponibles sur internet à l'adresse http://dnb.d-nb.de.
 Toutes marques et noms de produits mentionnés dans ce livre demeurent sous la protection des marques, des marques déposées et des brevets, et sont des marques ou des marques déposées de leurs détenteurs respectifs. L'utilisation des marques, noms de produits, noms communs, noms commerciaux, descriptions de produits, etc, même sans qu'ils soient mentionnés de façon particulière dans ce livre ne signifie en aucune façon que ces noms peuvent être utilisés sans restriction à l'égard de la législation pour la protection des marques et des marques déposées et pourraient donc être utilisés par quiconque.

Photo de la couverture: www.ingimage.com

Editeur: Éditions universitaires européennes est une marque déposée de Südwestdeutscher Verlag für Hochschulschriften GmbH & Co. KG
Dudweiler Landstr. 99, 66123 Sarrebruck, Allemagne
Téléphone +49 681 37 20 271-1, Fax +49 681 37 20 271-0
Email: info@editions-ue.com

Produit en Allemagne:
Schaltungsdienst Lange o.H.G., Berlin
Books on Demand GmbH, Norderstedt
Reha GmbH, Saarbrücken
Amazon Distribution GmbH, Leipzig
ISBN: 978-613-1-58849-5

Imprint (only for USA, GB)
Bibliographic information published by the Deutsche Nationalbibliothek: The Deutsche Nationalbibliothek lists this publication in the Deutsche Nationalbibliografie; detailed bibliographic data are available in the Internet at http://dnb.d-nb.de.
 Any brand names and product names mentioned in this book are subject to trademark, brand or patent protection and are trademarks or registered trademarks of their respective holders. The use of brand names, product names, common names, trade names, product descriptions etc. even without a particular marking in this works is in no way to be construed to mean that such names may be regarded as unrestricted in respect of trademark and brand protection legislation and could thus be used by anyone.

Cover image: www.ingimage.com

Publisher: Éditions universitaires européennes is an imprint of the publishing house Südwestdeutscher Verlag für Hochschulschriften GmbH & Co. KG
Dudweiler Landstr. 99, 66123 Saarbrücken, Germany
Phone +49 681 37 20 271-1, Fax +49 681 37 20 271-0
Email: info@editions-ue.com

Printed in the U.S.A.
Printed in the U.K. by (see last page)
ISBN: 978-613-1-58849-5

DEDICACES

A mes parents

REMERCIEMENTS

☞ Notre reconnaissance va tout d'abord à M. François DAGORN, enseignant à l'Université de Rennes I, qui a bien voulu nous encadrer. Grâce à sa totale disponibilité et à sa volonté, nous avons pu surmonter certains obstacles.

☞ Nos remerciements vont également aux enseignants du département d'informatique de l'Université de Yaoundé I pour leurs précieux enseignements. Nous tenons à remercier particulièrement M. Gilbert TINDO pour ses conseils.

☞ Nous adressons aussi nos remerciements à Messieurs KENNE Mathurin, NDEZO Joseph, KUETE Jules; Mesdames MAGUITO Eveline, TCHOUPOU Véronique, KOGUIO Antoinette et à toute la famille DOUMTSOP pour son soutien financier et moral tout au long de nos études.

☞ Nous sommes reconnaissants envers nos camarades DOHOLA LAMBOU Francin Beaudelaire, KEMBOU Jules, DOUANLA YONTA Hermann. Que ce travail soit pour eux source de motivation et d'encouragement.

☞ Notre profonde gratitude à la famille KOUALOROH pour son soutient sans faille.

☞ Nos remerciements à tout le personnel du Cabinet GIFEX pour son appui.

AVANT-PROPOS

Dans le cadre de la professionnalisation des enseignements, la Faculté des Sciences de l'Université de Yaoundé I à travers son département d'Informatique a introduit dans ses programmes pour le compte de l'année académique 2006/2007 un cycle de « *Master Professionnel en Réseaux et Applications Multimédia* ». Cette formation professionnelle a pour objectif de mettre sur le marché de l'emploi des diplômés capables de :

- concevoir et mettre en œuvre des réseaux locaux et métropolitains,

- administrer des réseaux et répondre de manière sécurisée aux exigences des utilisateurs,

- développer des applications complexes basées sur la technologie WEB,

- tirer partie de la convergence entre l'informatique et les télécommunications pour développer des services à forte valeur ajoutée,

- intégrer des services qui manipulent sons, paroles et images dans le cadre d'applications multimédia.

Au terme de la formation, l'étudiant est tenu d'effectuer un stage académique d'une durée d'au moins quatre mois en entreprise sanctionné par un rapport dont la note porte sur le travail réalisé, le rapport de stage et la présentation orale effectuée : chaque rubrique comptant pour un tiers de la note finale du module.

C'est donc à la suite notre stage de fin de Master, stage effectué dans une banque à la réputation établie et fortement équipée à cet effet, que nous avons eu l'idée de publier le fruit de ce travail pour apporter notre contribution à la sécurité des réseaux informatiques en particulier et à la sécurité informatique en général.

Cet ouvrage constitue un manuel didactique pour les étudiants qui suivent une formation dans le domaine des réseaux et qui, de ce fait, s'intéressent au domaine de la sécurité, pierre angulaire des systèmes d'informations actuels. Les chercheurs trouveront en ce document une source d'information sur les outils de sécurité existant et pourront par la suite s'appuyer sur une bonne connaissance de ces outils pour apporter une plus-value à l'évolution de la sécurité informatique. Quant aux professionnels de l'informatique et surtout ceux qui exercent dans les établissements banquiers, ils trouveront en cet outil de travail une moyen de s'informer sur les outils d'audit de sécurité, libres pour la plupart, mais aussi des modèles de politique de sécurité permettant de définir de manière globale les règles de sécurité dont une application rigoureuse permettra de protéger les actifs de leurs établissements des menaces de tout genre.

TABLE DE MATIERES

DEDICACES _____ I

REMERCIEMENTS _____ II

AVANT-PROPOS _____ III

TABLE DE MATIERES _____ V

LISTE DES FIGURES _____ VIII

GLOSSAIRE _____ IX

INTRODUCTION _____ 1

PREMIERE PARTIE: AUDIT DE SECURITE DU RESEAU INFORMATIQUE D'UNE BANQUE _____ 5

I.1. LES MENACES SUR LE RESEAU INFORMATIQUE D'UNE BANQUE _____ 5

    I.1.1. Menaces relevant des problèmes non spécifiques à l'informatique _____ 5

    I.1.2. Les pannes et erreurs (non intentionnelles) _____ 6

    I.1.3. Les menaces intentionnelles _____ 6

I.2. SCAN DES PORTS AVEC NMAP _____ 11

    I.2.1. Description de Nmap _____ 11

    I.2.2. Différents types de scan _____ 12

    I.2.3. Différents états des ports _____ 13

I.3. SCAN DES VULNERABILITES AVEC NESSUS _____ 15

I.4. TESTS D'INTRUSIONS DIVERS ET VARIES _____ 22

    I.4.1. Résumé des étapes du hacker _____ 23

    I.4.2. Test d'intrusions sur le réseau d'une banque _____ 23

        I.4.2.1. Tests d'intrusions externes en « boîte noire » _____ 24

            I.4.2.1.1. Les bases Whois _____ 24

            I.4.2.1.2. Les bases DNS _____ 24

                a) L'utilitaire nslookup _____ 24

                b) L'utilitaire DIG _____ 24

            I.4.2.1.2. Les moteurs de recherche _____ 25

            I.4.2.1.3. Détection des systèmes et des services, cartographie ____ 25

        I.4.2.2. Tests d'intrusions internes en « boîte blanche » _____ 26

I.4.2.2.1. Présentation et utilisation de Wireshark _____ 26
I.4.2.2.2. Intrusions internes divers _____ 26

I.5. DETECTION D'INTRUSIONS AVEC « SNORT » _____ **27**

I.5.1. Les prérequis pour l'installation de snort_____ 28

I.5.2. Installation de l'outil snort _____ 28

I.5.3. Test de Fonctionnement : _____ 29

I.5.3.1. Mode sniffeur: _____ 29

I.5.3.2. Mode paquet logger : _____ 29

I.5.3.3. Mode NIDS : _____ 29

I.5.4. Liaison des logs de snort avec mysql : _____ 30

I.5.5. Création de nouvelles règles _____ 30

I.5.6. Mise en place d'ACID : _____ 31

I.6. RECOMMANDATIONS _____ **33**

DEUXIEME PARTIE : DEFINITION DE LA POLITIQUE DE SECURITE DU RESEAU INFORMATIQUE D'UNE BANQUE _____ **39**

II.1. LES MODELES DE SECURITE_____ **39**

II.1.1. Le modèle I-BAC (Identity Based Control Access) _____ 39

II.1.2. Le modèle R-BAC (Role Based Access Control) _____ 40

II.1.3. Le modèle T-BAC (Task Based Access Control) _____ 41

II.1.4. Le modèle V-BAC (View Based Access Control)_____ 42

II.1.5. Le modèle T-MAC (Team Based Access Control) _____ 43

II.1.6. Le modèle Or-BAC (Organization Based Access Control)_____ 43

II.1.6.1. Les objectifs et avantages d'Or-BAC _____ 43
II.1.6.2. Les interactions d'Or-BAC _____ 44
II.1.6.3. La notion de contexte _____ 45
II.3.6.4. La notion de hiérarchie_____ 47
II.1.6.5. La notion de délégation _____ 48
II.1.6.6. Les prédicats d'Or-BAC _____ 52
II.1.6.7. La gestion de conflit_____ 54

II.2. APPLICATION DU MODELE OR-BAC A LA DEFINITION DE LA POLITIQUE DE SECURITE RESEAU : CAS DU LAN DE PRODUCTION D'UNE BANQUE _____ **56**

II.2.1. Les organisations _____ 56

II.2.2. Les sujets et rôles_____ 57

VI

II.2.3. Services offerts par le réseau local de l'Organisation et hiérarchisation : actions/activités _____ 58

II.2.4. Définition des vues et hiérarchisation _____ 59

II.2.5. Quelques Org_Bank_Permissions _____ 59

II.2.6. Dérivation des permissions _____ 60

CONCLUSION_____ **62**

BIBLIOGRAPHIE_____ **63**

LISTE DES FIGURES

Figure 1. Scan TCP Stealth SYN d'un serveur DNS...14

Figure 2. Présentation générale des vulnérabilités avec Nessus...16

Figure 3. Détails des vulnérabilités de niveau moyen 20

Figure 4. Détails des vulnérabilités de niveau élevé..22

Figure 5. Résultats des tests d'intrusions sur une console 32

Figure 6. Architecture générale du modèle Or-BAC 44

Figure 7. Les interactions du modèle Or-BAC 45

Figure 8. Différents types de contextes du modèle Or-BAC 46

Figure 9. Relation de spécialisation/généralisation du modèle Or-BAC 48

Figure 10. Délégation des pouvoirs du modèle Or-BAC 50

Figure 11. Gestion des conflits du modèle Or-BAC...55

Figure 12. Architecture du LAN de production d'une banque 56

Figure 13. Hiérarchie d'organisations du LAN de production d'une banque.....................................56

Figure 14. Hiérarchie des rôles (spécialisation /généralisation) 58

Figure 15. Différents services du réseau d'une banque 59

GLOSSAIRE

AES   : Advance Encryption Standard – Algorithme de cryptographie symétrique

ANTIC   : Agence Nationale des Technologies de l'Information et de la Communication

ACID   : Analysis Console for Intrusion Databases

CERT   : Computer Emergency Response Team

CERTA   : Centre d'Expertise Gouvernemental de Réponse et de Traitement des Attaques informatiques

CERT/CC   : CERT Coordination Center

CLUSIF   : Club de Sécurité de l'Information Français

CEI   : Commission Electrotechnique Internationale

DES   : Data Encryption Standard

DMZ   : DeMillitarized Zone ou Zone démilitarisée

DSI   : Direction des Systèmes d'Information

EBIOS   : Expression des Besoins et Identification des Objectifs de Sécurité

FAI   : Fournisseur d'Accès à Internet

ISO   : International Standard Organisation

IPSec   : Internet Protocol Security

PIX   : Private Internet EXchange est un boîtier pare-feu actuellement conçu et vendu par le groupe Cisco Systems

PKI   : Public Key Infrastructure ou Infrastructure à clés publiques

RSSI   : Responsable de Sécurité de Systèmes d'Informations

RSA   : Rivest Shamir Adleman – Algorithme de cryptographie à clefs publiques

SQL   : Structured Query Language

SI   : Système d'Informations

SMSI   : Système de Management de la Sécurité de l'Information

URL   : Universal Ressource Localisator

INTRODUCTION

L'informatique est devenue un outil incontournable de gestion, d'organisation, de production et de communication. Le réseau informatique de l'entreprise met en œuvre des données sensibles, les stocke, les partage en interne, les communique parfois à d'autres entreprises ou personnes ou les importe à partir d'autres sites. Cette ouverture vers l'extérieur conditionne des gains de productivité et de compétitivité.

Il est donc impossible de renoncer aux bénéfices de l'informatisation, d'isoler le réseau de l'extérieur, de retirer aux données leur caractère électronique et confidentiel. Les données sensibles du système d'information de l'entreprise sont donc exposées aux actes de malveillance dont la nature et la méthode d'intrusion sont sans cesse changeantes. Les prédateurs et voleurs s'attaquent aux ordinateurs surtout par le biais d'accès aux réseaux qui relient l'entreprise à l'extérieur.

La sécurité du système d'information d'une entreprise est un requis important pour la poursuite de ses activités. Qu'il s'agisse de la dégradation de son image de marque, du vol de ses secrets de fabrication ou de la perte de ses données clients ; une catastrophe informatique a toujours des conséquences fâcheuses pouvant aller jusqu'au dépôt de bilan. On doit réfléchir à la mise en place d'une politique de sécurité avant même la création du réseau. Cependant, la sécurité des systèmes d'information est souvent oubliée ou établie à postériori.

En ce qui concerne les normes de sécurité des SI, la famille de normes ISO 27000 constitue un véritable espoir pour les RSSI dans la mesure où elle apporte une aide indéniable dans la définition, la construction et la déclinaison d'un SMSI efficace à travers une série de normes dédiées à la sécurité de l'information :

- *ISO/CEI 27001* : système de Gestion de la Sécurité de l'Information (ISMS) - Exigences ;

- **ISO/CEI 27002** : code de bonnes pratiques pour la gestion de la sécurité de l'information (anciennement ISO/CEI 17799) ;

- *ISO/CEI 27003* : système de Gestion de la Sécurité de l'Information (ISMS) - Guide d'implémentation ;

- *ISO/CEI 27004* : mesure de la gestion de la sécurité de l'information ;

- *ISO/CEI 27005* : gestion du risque en sécurité de l'information ;

- *ISO/CEI 27006* : exigences pour les organismes réalisant l'audit et la certification de Systèmes de Gestion de la Sécurité de l'Information (ISMS) ;

- *ISO/CEI 27007* : guide pour l'audit de Systèmes de Gestion de la Sécurité de l'Information (ISMS).

Il existe également plusieurs méthodes d'analyse de risques selon les zones géographiques. Parmi ces dernières, nous pouvons citer :

- *EBIOS* (Expression de Besoins et Identification des Objectifs de Sécurité) : méthode d'analyse des risques créée DCSSI (Direction Centrale de la Sécurité des Systèmes d'Information) du ministère français de la défense. Elle est destinée avant tout aux entreprises françaises et à l'administration ;

- *MELISA* (Méthode d'évaluation de la vulnérabilité résiduelle des systèmes d'information) : méthode inventée par Albert Harari au sein de la Direction Générale de l'Armement (DGA) en France. Elle a été abandonnée au profit de MEHARI ;

- *MARION* (Méthodologie d'Analyse de Risques Informatiques Orientée par Niveaux) : elle a été développée par le CLUSIF dans les années 1980 mais a été abandonnée en 1998 au profit de la méthode MEHARI ;

- *MEHARI* (MEthode Harmonisée d'Analyse de RIsques) : développée par le CLUSIF depuis 1995, suite à la fusion de deux anciennes méthodes MARION et MELISA ;

- *OCTAVE* (Operationally Critical Threat, Asset, and Vulnerability Evaluation) a été créé par l'université de Carnegie Mellon (Etats-Unis) en 1999. Elle a pour but de permettre à une entreprise de réaliser par elle-même l'analyse des risques de leur SI, sans aide extérieure (consultants) ;

- *CRAMM* (CCTA Risk Analysis and Management Method) a été inventée par Siemens en Angleterre et est soutenue par l'état.

A côté de tous ces standards de sécurité et méthodes d'analyse de risques, certains pays ont développé un arsenal juridique pour réglementer le secteur de la sécurité informatique. Bien plus des organisations ont souvent été créées pour veiller à l'application des politiques gouvernementales en la matière.

En France par exemple, la Direction Centrale de la Sécurité des Systèmes d'Information (DCSSI) a été créée et placée sous l'autorité de Secrétaire général de la défense nationale. Cette structure est chargée, entre autres, de coordonner l'action gouvernementale en matière de la sécurité des SI, d'évaluer les menaces pesant sur les systèmes d'information, donner l'alerte, développer les capacités à les contrer et à les prévenir à travers les CERTA.

Au Cameroun, L'ANTIC, créée par *Décret n° 2002/092 du 8 Avril 2002,* a pour mission de promouvoir et de suivre l'action gouvernementale dans le domaine des technologies de l'information et de la communication.

La suite de notre travail s'articule en deux parties :

- l'audit de sécurité du réseau informatique d'une banque : il s'agira dans cette partie de présenter les différentes menaces sur le réseau informatique d'une banque, de faire un état des outils de test de vulnérabilité et d'intrusions et enfin, de faire des recommandations pour une bonne protection des actifs du réseau informatique d'une banque;

- la deuxième partie est consacrée à la définition d'un politique de sécurité du système d'informations d'une banque. Elle débute par un état des lieux des différents modèles de sécurité (I-BAC, R-BAC, T-BAC, V-BAC, T-MAC et Or-BAC) puis un exemple d'application du modèle Or-BAC dans le cadre de la définition de la politique de sécurité du réseau informatique d'une banque dont nous présenterons tout d'abord une vue de l'architecture générale.

PREMIERE PARTIE: AUDIT DE SECURITE DU RESEAU INFORMATIQUE D'UNE BANQUE

L'*audit de sécurité d'un réseau informatique* est un état des lieux de la sécurité du réseau informatique actuel avec des propositions permettant de résoudre les problèmes potentiels une fois l'audit de sécurité effectué et les conclusions présentées par la partie effectuant cet audit.

Cette partie a pour but de présenter les outils permettant d'évaluer les failles de sécurité du réseau et proposer des solutions aptes à corriger les vulnérabilités afin que le hacker ne puisse s'en servir. Nous commencerons tout d'abord par une présentation des menaces de sécurité auxquelles une banque fait face, ensuite nous effectuerons les scans des ports, les tests de vulnérabilités et d'intrusions sur le réseau et nous terminerons par un certain nombre des recommandations.

I.1. LES MENACES SUR LE RESEAU INFORMATIQUE D'UNE BANQUE

Une menace[1] est un événement, d'origine accidentelle ou délibérée, capable s'il se réalise de causer un dommage au sujet étudié. Le réseau informatique d'une banque comme tout autre réseau informatique est en proie à des menaces de toutes sortes qu'il convient de recenser.

I.1.1. MENACES RELEVANT DES PROBLEMES NON SPECIFIQUES A L'INFORMATIQUE

Certaines menaces aux réseaux informatiques ne sont pas spécifiques à ce secteur. Parmi elles, nous pouvons citer :

- les risques accidentels : incendie, explosion, inondation, tempête, foudre. Ici les techniques de prévention sont assez bien maîtrisées ;
- les vols et sabotages de matériels : vols d'équipements matériels, destruction d'équipements, destruction des supports de sauvegarde ;

---

[1] *Définition tirée du manuel de sécurité de la méthode EBIOS*

- autres risques : départ du personnel stratégique, grèves, etc.

I.1.2. LES PANNES ET ERREURS (NON INTENTIONNELLES)

Ce sont :

- pannes/dysfonctionnement du matériel ;
- pannes/dysfonctionnement du logiciel de base ;
- erreurs d'exploitation :
  o oubli de sauvegardes,
  o écrasement de fichiers ;
- erreurs de manipulation des informations :
  o erreurs de saisie,
  o erreurs de transmission,
  o erreurs d'utilisation ;
- erreurs de conception des applications.

I.1.3. LES MENACES INTENTIONNELLES

C'est l'ensemble des actions malveillantes qui constituent la plus grosse partie du risque. Elles font l'objet principal des mesures de protection. Parmi elles, on compte les menaces passives et les menaces actives.

Les menaces passives sont :

- les détournements des données (l'écoute sur le réseau à l'aide des sniffeurs[2], les indiscrétions) : c'est le cas le cas de l'espionnage industriel, l'espionnage commercial, les violations déontologiques ;
- les détournements de logiciels : les copies illicites par exemple.

Quant aux menaces actives, nous pouvons citer :

---

[2] *Un sniffeur est un Logiciel qui observe les informations véhiculées sur le réseau. Par exemple : RealSecure, Netmon, et Readsnmb sous Windows, et Tcpdump sous Unix.*

- les modifications des informations : le fraude financière informatique ;
- le sabotage des informations ;
- les modifications des logiciels :

  o *le virus* : c'est un programme qui se reproduit en s'insérant partiellement dans d'autres fichiers ;

  o *le ver* : un ver (en anglais worm) est un programme qui se propage d'ordinateur à ordinateur via un réseau comme l'Internet. Ainsi, contrairement à un virus, le ver n'a pas besoin d'un programme hôte pour assurer sa reproduction. Son poids est très léger, ce qui lui permet de se propager à une vitesse impressionnante sur un réseau, et pouvant donc saturer ce dernier ;

  o *le spyware* : ce logiciel espion est un logiciel nuisible qui transmet à des tiers des informations contenues dans votre ordinateur ;

  o *le hijacker* : c'est un pirate de navigateur qui utilise les failles de sécurité d'Internet Explorer pour s'installer sur votre ordinateur. Ce genre de programme s'installe donc juste en surfant sur le net, souvent sur des sites de piratage, de jeux, de cracking, ou encore sites à caractère pornographique ;

  o *le troyen* : un troyen (en anglais trojan horse) tire son nom du mythe du cheval de Troie. Ce programme a une apparence saine, souvent même attirante, mais lorsqu'il est exécuté, il effectue, discrètement ou pas, des actions supplémentaires. Ces actions peuvent être de toutes formes, comme l'installation d'une *backdoor*[3] par exemple.

  o *la bombe logique* : une bombe logique est un troyen qui, une fois exécutée, produira ses effets à un moment précis. Par exemple, la bombe logique Tchernobyl s'est activée le 26 avril 1999 (jour du 13ème anniversaire de la catastrophe nucléaire en Ukraine), mais la bombe peut également attendre

---

[3]*Une backdoor (en français, une porte dérobée) est un moyen laissé par une personne malveillante pour revenir dans un système.*

une combinaison de touches bien précise de la part de l'utilisateur pour se déclencher ou attendre qu'un fichier s'exécute ;

o *le hoax* : un hoax (canular) est un courrier électronique contenant une fausse information. Si certains sont inoffensifs, d'autres peuvent être dangereux ;

o *le spam* : le spamming consiste à envoyer des messages appelés "spam" à une ou plusieurs personnes. Ces spams sont souvent d'ordre publicitaire ;

o *le mailbombing* : le mailbombing s'apparente un peu au spamming puisqu'il a pour but de provoquer une gêne pour la victime. Mais cette fois, le but n'est pas le même, il s'agit de saturer la boîte aux lettres électronique de la victime en envoyant plusieurs mails, des milliers par exemple ;

o *le pishing* : le phishing est très à la mode aujourd'hui et consiste à soutirer des informations confidentielles (comme les codes bancaires, ...) auprès des clients par usurpation d'identité ;

o *le ransomware* : le ransomware est un logiciel malveillant qui chiffre les données, les « prend en otage » et ne donne le mot de passe que lorsque la rançon a été versée. Des variantes plus agressives menacent d'effacer définitivement un fichier toutes les 30 minutes, jusqu'à ce que la rançon ait été versée. Le paiement d'une rançon est habituellement demandé via e-Gold ou Western Union afin de ne pas dévoiler à l'utilisateur la véritable identité du pirate. Cette technique d'abord utilisée en Russie s'est maintenant étendue au monde entier. Le ver *Arhiveus* et le cheval de Troie *Zippo* sont deux exemples de ransomware ayant sévi en 2006 ;

o *le scareware* : c'est un logiciel conçu pour faire croire aux utilisateurs d'Internet que leur PC est infecté ou qu'il est touché par un autre problème de sécurité et les encourager à acquérir une version « totalement opérationnelle » d'un logiciel qui désinfectera leur poste de travail.

Pour parvenir à leurs fins, les pirates ont recours à un certain nombre de stratagèmes pour maximiser le taux d'infections. Nous pouvons citer parmi les stratagèmes utilisés les suivants :

1. *Accroissement de la portée des infections grâce au détournement de réputation* : 83 pour cent des pages Web infectées par des malwares[4] se trouvent sur des sites Web parfaitement légitimes[5]. Pour les auteurs de malwares, la manière la plus efficace et la moins coûteuse d'infecter des ordinateurs par l'intermédiaire du Web consiste à héberger leurs malwares à l'endroit où le plus grand nombre de personnes les verront. C'est précisément ce qu'ils font quand ils détournent la réputation de sites Web existants en attirant des utilisateurs qui se méfient d'autant moins qu'ils font confiance à la popularité et à la crédibilité de ces URL qui semblent sûres.

2. *Dissimulation de l'attaque derrière un téléchargeur* : au lieu de placer directement leur code malveillant sur une page Web, de nombreux cybercriminels insèrent des «téléchargeurs». Ces chevaux de Troie sont conçus pour éviter la plupart des mécanismes de défense. Ils contiennent très peu de code et ne contiennent pas par eux-mêmes de charge malveillante. Ce n'est qu'une fois installés sur un ordinateur qu'ils téléchargent cette charge à partir d'un autre site Web, souvent via un port différent.

3. *Infection silencieuse par téléchargement passif* : Pour que ce type d'infection se produise, il suffit qu'un utilisateur navigue sur le Web et visite une page infectée à l'aide d'un navigateur auquel aucun correctif n'a été appliqué. L'utilisateur n'a même pas besoin de cliquer sur des liens particuliers, ni d'ouvrir des fichiers précis. Son ordinateur devient infecté simplement parce qu'il a visité un site sur lequel les vulnérabilités connues du navigateur sont exploitées par l'auteur d'un malware.

---

[4] *Logiciel malveillant*
[5] *Rapport Sophos 2008 sur les menaces de sécurité*

4. *Exploitation des noms de domaine résultant de fautes de frappe* : Les pirates ont eu l'idée de créer des noms de domaine ressemblant à des sites parfaitement légitimes (par exemple, « Goggle » au lieu de « Google », ou un « .tv » à la fin au lieu de « .com »), ce qui leur permet d'utiliser des fautes de frappe courantes pour faire atterrir très simplement des utilisateurs sur leurs pages Web. Ces pages sont en quelque sorte des pièges, qui n'attendent que des proies à capturer et à infecter. Comme ces sites ressemblent généralement au site initialement souhaité, il est très facile d'obtenir du visiteur qu'il ouvre ou télécharge du contenu, d'autant que ce contenu semble sûr.

5. *Utilisation d'attaques de spam à flux rapide pour envoyer des malwares* : Alors qu'ils envoyaient souvent les malwares sous forme de pièces jointes aux messages électroniques, les pirates tendent aujourd'hui à envoyer des messages électroniques contenant des liens qui conduisent à des pages Web infectées. Derrière ces liens se cachent des armées d'ordinateurs infectés, appelés « botnets », qui font office d'hôtes Web. Les auteurs de malwares alternent constamment entre ces différents ordinateurs pour fournir une page d'accueil infectée toujours différente aux personnes qui suivent un lien. Cette opération consistant à modifier rapidement l'adresse IP de l'ordinateur qui héberge le malware est appelée « flux rapide ». Elle complique la tâche aux filtres en charge de détecter et de bloquer les attaques de spam correspondantes.

6. *Toujours avoir une longueur d'avance sur les systèmes de défense de sécurité* : Contrairement aux virus et aux vers véhiculés par messagerie, qui cessent d'être dangereux une fois qu'ils ont été éradiqués, les menaces Web modernes ne cessent d'être adaptées et modifiées afin d'esquiver les systèmes de défense. En présentant continuellement les menaces sous une forme différente, les pirates peuvent créer de nombreuses variantes mineures, dont certaines ne sont pas reconnues par les solutions de sécurité. Ce processus peut même être automatisé, ce qui permet aux criminels de générer plusieurs variantes d'un même malware le même jour.

La liste des menaces et stratagèmes que nous venons de donner est loin d'être exhaustive.

I.2. SCAN DES PORTS AVEC NMAP

Nmap est un outil d'exploration réseau et scanneur de ports/sécurité dont la syntaxe est la suivante : *nmap [types de scans ...] [options] {spécifications des cibles}*. Nmap existe aussi en mode graphique sous le nom « *Zenmap GUI* ».

Nmap permet d'éviter certaines attaques et aussi de connaître quels services tournent sur une machine. Une installation faite un peu trop vite peut laisser des services en écoute (donc des ports ouverts sans que cela ne soit nécessaire) et donc vulnérables à une attaque. Nmap est un logiciel très complet et très évolutif, et il est une référence dans le domaine du *scanning*.

I.2.1. DESCRIPTION DE NMAP

Nmap a été conçu pour rapidement scanner de grands réseaux, mais il fonctionne aussi très bien sur une cible unique. Nmap innove en utilisant des paquets IP bruts (raw packets) pour déterminer quels sont les hôtes actifs sur le réseau, quels services (y compris le nom de l'application et la version) ces hôtes offrent, quels systèmes d'exploitation (et leurs versions) ils utilisent, quels types de dispositifs de filtrage/pare-feux sont utilisés, ainsi que des douzaines d'autres caractéristiques. Nmap est généralement utilisé pour les audits de sécurité mais de nombreux gestionnaires des systèmes et de réseau l'apprécient pour des tâches de routine comme les inventaires de réseau, la gestion des mises à jour planifiées ou la surveillance des hôtes et des services actifs.

Le rapport de sortie de Nmap est une liste des cibles scannées ainsi que des informations complémentaires en fonction des options utilisées.

I.2.2. DIFFERENTS TYPES DE SCAN

Nmap permet d'effectuer des scans en utilisant différentes techniques issues de l'étude du comportement des machines respectant le RFC 7932 (TCP). Parmi la douzaine de techniques de scan connues, on peut citer les suivantes :

- *Scan TCP SYN:* Le scan SYN est celui par défaut et le plus populaire pour de bonnes raisons. Il peut être exécuté rapidement et scanner des milliers de ports par seconde sur un réseau rapide lorsqu'il n'est pas entravé par des pare-feux. Le scan SYN est relativement discret et furtif, vu qu'il ne termine jamais les connexions TCP. Nmap émet un paquet sur le port ciblé et attend la réponse qui peut être :

  o un paquet SYN/ACK qui indique que le port est ouvert ;
  o un paquet RST qui indique que le port est fermé ;
  o pas de réponse si le port est filtré.

Faire ce type de scan requiert l'option –sS.

- *Scan TCP connect :* c'est le type de scan par défaut quand le SYN n'est pas utilisable. Tel est le cas lorsque l'utilisateur n'a pas les privilèges pour les paquets bruts (raw packets) ou lors d'un scan de réseaux IPv6. Son exécution est plus lente que le premier et requiert l'option –sT.

- *Scan UDP :* même si les services les plus connus d'Internet son basés sur le protocole TCP, les services UDP sont aussi largement utilisés. DNS, SNMP ou DHCP (ports 53, 161/162 et 67/68) sont les trois exemples les plus courants. Comme le scan UDP est généralement plus lent et plus difficile que TCP, certains auditeurs de sécurité les ignorent. C'est une erreur, car les services UDP exploitables sont courants et les attaquants eux ne les ignoreront pas. Le scan UDP est activé avec l'option -sU. Il peut être combiné avec un scan TCP, comme le scan SYN (-sS), pour vérifier les deux protocoles lors de la même exécution de Nmap.

I.2.3. DIFFERENTS ETATS DES PORTS

Nmap retourne les résultats des scans sous forme d'états de ports scannés. Les six états des ports reconnus par Nmap sont :

- *ouvert :* une application accepte des connexions TCP ou des paquets UDP sur ce port.
- *fermé :* le port fermé est accessible (il reçoit et répond aux paquets émis par Nmap), mais il n'y a pas d'application en écoute.
- *filtré :* Nmap ne peut pas toujours déterminer si un port est ouvert car les dispositifs de filtrage des paquets empêchent les paquets de tests (probes) d'atteindre leur port cible.
- *non-filtré :* l'état non-filtré signifie qu'un port est accessible, mais que Nmap est incapable de déterminer s'il est ouvert ou fermé.
- *ouvert\filtré :* Nmap met dans cet état les ports dont il est incapable de déterminer l'état entre ouvert et filtré.
- *fermé\filtré :* cet état est utilisé quand Nmap est incapable de déterminer si un port est fermé ou filtré. Cet état est seulement utilisé par le scan Idle basé sur les identifiants de paquets IP.

```
koualoroh:/home/koualoroh# nmap -v -A 195.24.194.177

Starting Nmap 4.11 ( http://www.insecure.org/nmap/ ) at 2008-05-14 08:52 CEST
DNS resolution of 1 IPs took 0.06s.
Initiating SYN Stealth Scan against admin.cenet.cm (195.24.194.177) [1680 ports]
  at 08:52
Discovered open port 53/tcp on 195.24.194.177
Discovered open port 25/tcp on 195.24.194.177
Discovered open port 80/tcp on 195.24.194.177
Discovered open port 22/tcp on 195.24.194.177
Discovered open port 443/tcp on 195.24.194.177
SYN Stealth Scan Timing: About 48.85% done; ETC: 08:53 (0:00:31 remaining)
The SYN Stealth Scan took 118.36s to scan 1680 total ports.
Initiating service scan against 5 services on admin.cenet.cm (195.24.194.177) at
  08:54
The service scan took 16.71s to scan 5 services on 1 host.
For OSScan assuming port 22 is open, 20 is closed, and neither are firewalled
For OSScan assuming port 22 is open, 20 is closed, and neither are firewalled
For OSScan assuming port 22 is open, 20 is closed, and neither are firewalled
Host admin.cenet.cm (195.24.194.177) appears to be up ... good.
Interesting ports on admin.cenet.cm (195.24.194.177):
Not shown: 1668 filtered ports
PORT       STATE   SERVICE            VERSION
20/tcp     closed  ftp-data
21/tcp     closed  ftp
22/tcp     open    ssh                OpenSSH 3.1p1 (protocol 1.99)
25/tcp     open    smtp               Sendmail 8.11.6/8.11.6
53/tcp     open    domain             ISC Bind 9.2.1
80/tcp     open    http               Apache httpd 1.3.27 ((Unix)   (Red-Hat/Linux) mo
d_ssl/2.8.12 OpenSSL/0.9.6b DAV/1.0.2 PHP/4.1.2 mod_perl/1.26)
123/tcp    closed  ntp
443/tcp    open    http               Apache httpd 1.3.27 ((Unix)   (Red-Hat/Linux) mo
d_ssl/2.8.12 OpenSSL/0.9.6b DAV/1.0.2 PHP/4.1.2 mod_perl/1.26)
4662/tcp   closed  edonkey
7000/tcp   closed  afs3-fileserver
8443/tcp   closed  https-alt
27665/tcp  closed  Trinoo_Master
No exact OS matches for host (If you know what OS is running on it, see http://w
ww.insecure.org/cgi-bin/nmap-submit.cgi).
TCP/IP fingerprint:
SInfo(V=4.11%P=i686-pc-linux-gnu%D=5/14%Tm=482A8CD8%O=22%C=20)
TSeq(Class=RI%gcd=1%SI=28F21A%IPID=Z%TS=100HZ)
TSeq(Class=RI%gcd=1%SI=2F22C8%IPID=Z%TS=100HZ)
TSeq(Class=RI%gcd=1%SI=296DFE%IPID=Z%TS=100HZ)
T1(Resp=Y%DF=Y%W=5DC%ACK=S++%Flags=AS%Ops=MNNTNW)
T2(Resp=N)
T3(Resp=Y%DF=N%W=800%ACK=S++%Flags=AR%Ops=WNMETL)
T3(Resp=Y%DF=N%W=C00%ACK=S++%Flags=AR%Ops=WNMETL)
T3(Resp=Y%DF=N%W=400%ACK=S++%Flags=AR%Ops=WNMETL)
T4(Resp=Y%DF=N%W=C00%ACK=S%Flags=AR%Ops=WNMETL)
T4(Resp=Y%DF=N%W=800%ACK=S%Flags=AR%Ops=WNMETL)
T5(Resp=Y%DF=Y%W=0%ACK=S++%Flags=AR%Ops=)
T6(Resp=Y%DF=N%W=1000%ACK=S%Flags=AR%Ops=WNMETL)
T6(Resp=Y%DF=N%W=800%ACK=S%Flags=AR%Ops=WNMETL)
T6(Resp=Y%DF=N%W=C00%ACK=S%Flags=AR%Ops=WNMETL)
T7(Resp=Y%DF=N%W=800%ACK=S++%Flags=AR%Ops=WNMETL)
T7(Resp=Y%DF=N%W=1000%ACK=S++%Flags=AR%Ops=WNMETL)
PU(Resp=N)


Uptime 48.722 days (since Wed Mar 26 14:35:29 2008)
TCP Sequence Prediction: Class=random positive increments
                        Difficulty=2715134 (Good luck!)
IPID Sequence Generation: All zeros
Service Info: OS: Unix

Nmap finished: 1 IP address (1 host up) scanned in 154.799 seconds
              Raw packets sent: 5087 (226.184KB) | Rcvd: 69 (3606B)
```

Figure 1. Scan TCP Stealth SYN d'un serveur DNS

Nous avons présenté dans cette section l'outil Nmap puis nous l'avons utilisé pour scanner une adresse publique. Une méthode similaire permet de scanner les adresses VPN des routeurs de différentes agences, les serveurs web et DNS ainsi que les adresses des PIX des fournisseurs d'accès à Internet

Le scan des ports des adresses VPN de différentes agences peut révéler un certain nombre d'informations (les ports ouverts et les services à l'écoute sur ces ports, les ports fermés, les ports filtrés et les services à l'écoute sur ces ports, les systèmes d'exploitation, le type de matériel, …).

Le scan des serveurs web et mail peut révéler entre autres informations les noms d'hôte des ces différents serveurs et de quelques applications qui y sont installés. Ces serveurs, dans le cas où ils présentent des failles de sécurités, représenteraient un grand danger pour la sécurité du réseau du fait de leur appartenance à la DMZ.

Le scan des adresses des PIX de certains fournisseurs d'accès permet d'avoir un état des sorties du réseau WAN, la plupart des banques étant généralement réparties sur plusieurs zones géographiques

Les différentes informations révélées dans cette section à travers les scans peuvent permettre aux administrateurs et responsables de sécurité du réseau de désactiver certains services installés et non-utilisés et de modifier les mot de passe par défaut de certains équipements de la banque qui, à la suite d'un paramétrage précipité, fonctionnent encore avec les mots de passe par défaut. Elles également aussi permettre aux attaquants potentiels d'avoir plus d'amples informations sur le réseau qui représente leur proie.

I.3. SCAN DES VULNERABILITES AVEC NESSUS

Nessus est un outil de test de vulnérabilité. Il fonctionne en mode client/serveur, avec une interface graphique. Une fois installé, le serveur « *Nessusd* », éventuellement sur une machine distante, effectue les tests et les envoie au client « *Nessus* » qui fonctionne sur une interface graphique.

Nessus est un produit commercial diffusé par la société *TENABLE Network Security*. Il peut toutefois être utilisé gratuitement avec une base des vulnérabilités dont la mise à jour est décalée d'une semaine.

Les résultats peuvent être enregistrés sous divers formats : NBE, NSR et html.

Scan des vulnérabilités d'un serveur

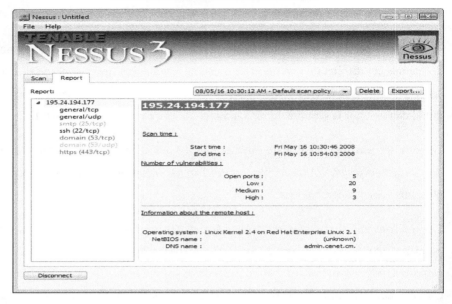

Figure 2. Présentation générale des vulnérabilités avec Nessus

DNS Cache Snooping

Synopsis:

Remote DNS server is vulnerable to cache snooping attacks.

Description:

The remote DNS server answers to queries for third-party domains which do not have the recursion bit set.

This may allow a remote attacker to determine which domains have recently been resolved via this name server, and therefore which hosts have been recently visited.

For instance, if an attacker was interested in whether your company utilizes the online services of a particular financial institution, they would be able to use this attack to build a statistical model regarding company usage of aforementioned financial institution. Of course, the attack can also be used to find B2B partners, web-surfing patterns, external mail servers, and more...

See also :

For a much more detailed discussion of the potential risks of allowing DNS cache information to be queried anonymously, please see:

http://www.nessus.org/u?0f22a4a4

Risk factor :

Medium / CVSS Base Score : 5.0
(CVSS2#AV:N/AC:L/Au:N/C:P/I:N/A:N)

Nessus ID : 12217

Usable remote name server

Synopsis:

The remote name server allows recursive queries to be performed by the host running nessusd.

Description:

It is possible to query the remote name server for third party names.

If this is your internal nameserver, then forget this warning.

If you are probing a remote nameserver, then it allows anyone to use it to resolve third parties names (such as www.nessus.org). This allows hackers to do cache poisoning attacks against this nameserver.

If the host allows these recursive queries via UDP, then the host can be used to 'bounce' Denial of service attacks against another network or system.

See also:

http://www.cert.org/advisories/CA-1997-22.html

Solution:

Restrict recursive queries to the hosts that should use this nameserver (such as those of the LAN connected to it).

If you are using bind 8, you can do this by using the instruction 'allow-recursion' in the 'options' section of your named.conf

If you are using bind 9, you can define a grouping of internal addresses using the 'acl' command

Then, within the options block, you can explicitly state: 'allow-recursion { hosts_defined_in_acl }'

For more info on Bind 9 administration (to include recursion), see:
http://www.nominum.com/content/documents/bind9arm.pdf

If you are using another name server, consult its documentation.

Weak Supported SSL Ciphers Suites

Synopsis:

The remote service supports the use of weak SSL ciphers.

Description:

The remote host supports the use of SSL ciphers that offer either weak encryption or no encryption at all.

See also:

http://www.openssl.org/docs/apps/ciphers.html

Solution:

Reconfigure the affected application if possible to avoid use of weak ciphers.

Risk factor :

Medium / CVSS Base Score : 5.0
(CVSS2#AV:N/AC:L/Au:N/C:P/I:N/A:N)

Plugin output :

Here is the list of weak SSL ciphers supported by the remote server :

Low Strength Ciphers (< 56-bit key)
SSLv2
EXP-RC2-CBC-MD5 Kx=RSA(512) Au=RSA Enc=RC2(40) Mac=MD5 export
EXP-RC4-MD5 Kx=RSA(512) Au=RSA Enc=RC4(40) Mac=MD5 export
SSLv3
EXP-EDH-RSA-DES-CBC-SHA Kx=DH(512) Au=RSA Enc=DES(40) Mac=SHA1 export
EXP-DES-CBC-SHA Kx=RSA(512) Au=RSA Enc=DES(40) Mac=SHA1 export
EXP-RC2-CBC-MD5 Kx=RSA(512) Au=RSA Enc=RC2(40) Mac=MD5 export
EXP-RC4-MD5 Kx=RSA(512) Au=RSA Enc=RC4(40) Mac=MD5 export
TLSv1
EXP-DES-CBC-SHA Kx=RSA(512) Au=RSA Enc=DES(40) Mac=SHA1 export
EXP-RC2-CBC-MD5 Kx=RSA(512) Au=RSA Enc=RC2(40) Mac=MD5 export
EXP-RC4-MD5 Kx=RSA(512) Au=RSA Enc=RC4(40) Mac=MD5 export

The fields above are :

{OpenSSL ciphername}
Kx={key exchange}
Au={authentication}
Enc={symmetric encryption method}
Mac={message authentication code}
{export flag}

Nessus ID : 26928
SSL Certificate Expiry
The SSL certificate of the remote service expired Jul 18 11:58:05 2005 GMT!

Nessus ID : 15901
Deprecated SSL Protocol Usage

Synopsis:

The remote service encrypts traffic using a protocol with known weaknesses.

Description:

The remote service accepts connections encrypted using SSL 2.0, which reportedly suffers from several cryptographic flaws and has been deprecated for several years. An attacker may be able to exploit these issues to conduct man-in-the-middle attacks or decrypt communications between the affected service and clients.

See also:

http://www.schneier.com/paper-ssl.pdf

Solution:

Consult the application's documentation to disable SSL 2.0 and use SSL 3.0 or TLS 1.0 instead.

Risk factor :

Medium / CVSS Base Score : 5.0
(CVSS2#AV:N/AC:L/Au:N/C:P/I:N/A:N)

Nessus ID : 20007
PHP Mail Function Header Spoofing Vulnerability

The remote host is running a version of PHP <= 4.2.2.

The mail() function does not properly sanitize user input. This allows users to forge email to make it look like it is coming from a different source other than the server.

Users can exploit this even if SAFE_MODE is enabled.

Solution: Contact your vendor for the latest PHP release.

Risk factor : Medium

CVE : CVE-2002-0985, CVE-2002-0986
BID : 5562
Other references : OSVDB:2111

Nessus ID : 11444

PHP Multiple Unspecified Vulnerabilities

The remote host is running a version of PHP which is older than 5.0.3 or 4.3.11

The remote version of this software is vulnerable to a set of vulnerabilities in the EXIF module which have been fixed by the PHP Group.

See also : http://www.php.net/ChangeLog-5.php#5.0.4
http://www.php.net/ChangeLog-4.php#4.3.11

Solution : Upgrade to PHP 5.0.3 or 4.3.11
Risk factor : Medium
BID : 13143, 13163, 13164

Nessus ID : 18033

Apache Remote Username Enumeration Vulnerability

Synopsis:

The remote Apache server can be used to guess the presence of a given user name on the remote host.

Description:

When configured with the 'UserDir' option, requests to URLs containing a tilde followed by a username will redirect the user to a given subdirectory in the user home.

For instance, by default, requesting /~root/ displays the HTML contents from /root/public_html/.

If the username requested does not exist, then Apache will reply with a different error code. Therefore, an attacker may exploit this vulnerability to guess the presence of a given user name on the remote host.

Solution:

In httpd.conf, set the 'UserDir' to 'disabled'.

Risk factor :

Medium / CVSS Base Score : 5.0
(CVSS2#AV:N/AC:L/Au:N/C:P/I:N/A:N)
CVE : CVE-2001-1013
BID : 3335
Other references : OSVDB:637

Nessus ID : 10766

HTTP TRACE / TRACK Methods

Synopsis:

Debugging functions are enabled on the remote web server.

Description:

The remote webserver supports the TRACE and/or TRACK methods. TRACE and TRACK are HTTP methods which are used to debug web server connections.

In addition, it has been shown that servers supporting the TRACE method are subject to cross-site scripting attacks, dubbed XST for "Cross-Site Tracing", when used in conjunction with various eaknesses in browsers. An attacker may use this flaw to trick your legitimate web users to give him their credentials.

See also:

http://www.cgisecurity.com/whitehat-mirror/WH-WhitePaper_XST_ebook.pdf
http://www.apacheweek.com/issues/03-01-24
http://www.kb.cert.org/vuls/id/867593

Solution:

Disable these methods.

Risk factor :

Medium / CVSS Base Score : 5.0
(CVSS2#AV:N/AC:L/Au:N/C:P/I:N/A:N)
Solution :

Add the following lines for each virtual host in your configuration file :

RewriteEngine on
RewriteCond %{REQUEST_METHOD} ^(TRACE|TRACK)
RewriteRule .* - [F]

Alternatively, note that Apache versions 1.3.34, 2.0.55, and 2.2 support disabling the TRACE method natively via the 'TraceEnable' directive.

Plugin output :

The server response from a TRACE request is :

TRACE /Nessus2324.html HTTP/1.1
Accept: image/gif, image/x-xbitmap, image/jpeg, image/pjpeg, image/png, */*
Accept-Charset: iso-8859-1,*,utf-8
Accept-Language: en
Connection: Close
Host: admin.cenet.cm
Pragma: no-cache
User-Agent: Mozilla/4.0 (compatible; MSIE 6.0; Windows NT 5.0)

CVE : CVE-2004-2320
BID : 9506, 9561, 11604
Other references : OSVDB:877, OSVDB:3726

Nessus ID : 11213

Figure 3. Détails des vulnérabilités de niveau moyen

BIND 9 overflow

The remote BIND 9 DNS server, according to its version number, is vulnerable to a buffer overflow which may allow an attacker to gain a shell on this host or to disable this server.

Solution: upgrade to bind 9.2.2 or downgrade to the 8.x series

See also: http://www.isc.org/products/BIND/bind9.html
http://cert.uni-stuttgart.de/archive/bugtraq/2003/03/msg00075.html
http://www.cert.org/advisories/CA-2002-19.html
Risk factor: High
CVE : CVE-2002-0684
Other references : IAVA:2003-B-0001

Nessus ID : 11318

php PHP_Variables Memory Disclosure

The remote host is running a version of PHP which is older than 5.0.2 or
4.39.

The remote version of this software is vulnerable to a memory disclosure vulnerability in PHP_Variables. An attacker may exploit this flaw to remotely read portions of the memory of the httpd process on the remote host.

See also: http://www.php.net/ChangeLog-5.php#5.0.2

Solution: Upgrade to PHP 5.0.2 or 4.3.9

Risk factor: High

BID : 11334

Nessus ID : 15436

php4/5 Vulnerabilities

The remote host is running a version of PHP which is older than 5.0.3 or 4.3.10.

The remote version of this software is vulnerable to various security issues which may, under certain circumstances, to execute arbitrary code on the remote host, provided that we can pass arbitrary data to some functions, or to bypass safe_mode.

See also : http://www.php.net/ChangeLog-5.php#5.0.3

Solution : Upgrade to PHP 5.0.3 or 4.3.10

Risk factor : High

CVE : CVE-2004-1018, CVE-2004-1019, CVE-2004-1020, CVE-2004-1063, CVE-2004-1064, CVE-2004-1065
BID : 11964, 11981, 11992, 12045
Other references : OSVDB:12410

Nessus ID : 15973

Figure 4. Détails des vulnérabilités de niveau élevé

Comme nous pouvons le constater à travers les tableaux précédents, Nessus présente les résultats des scans de vulnérabilités de manière très didactique : pour chaque faille, on a une présentation claire du problème et une solution simple.

Cet outil peut très certainement permettre à un attaquant d'évaluer les faiblesses d'un réseau en vue d'une attaque, en indiquant quelles failles exploiter et avec quelles techniques. Par contre, tout administrateur devrait prendre une longueur d'avance sur les attaquants en se servant en premier d'un tel outil pour éviter au moins les attaques connues de Nessus.

I.4. TESTS D'INTRUSIONS DIVERS ET VARIES

Un test d'intrusions consiste à se mettre dans la peau d'un attaquant externe et banalisé, disposant d'un certain degré de compétences, de ressources, de temps et de motivation pour pénétrer un système cible. Nous commencerons par faire une description de la procédure utilisée par un attaquant et nous présenterons par la suite certains outils utilisés par les attaquants pour parvenir à leurs fins.

22

I.4.1. RESUME DES ETAPES DU HACKER

1. Recherche d'une proie : scan de machines. L'attaquant utilise alors des outils de scan comme Nmap et Nessus par exemple.

2. Pratique de l'exploit : le hacker prend le contrôle de la machine en tant que root à l'aide d'un rootkit qui exploite une faille de sécurité connue du système. On aura alors besoin d'un rootkit connaissant plusieurs exploits.

3. Se cacher : installation de trojans et effacement des fichiers de log. Cette étape nécessite les trojans du rootkit et des outils de nettoyage.

4. Préparer ses prochaines visites : divers trojans (actifs ou passifs) installent des backdoors pour pouvoir se reconnecter en tant que root sans problèmes. Pour ce faire, le hacker utilise les autres outils et fonctionnalités du rootkit.

5. Trois possibilités :

   - premièrement, le hacker utilise le système comme plate-forme de lancement d'attaque en scannant ou en forçant d'autres systèmes,
   - autrement, il peut tenter d'étendre sa prise en cherchant des informations pour connaître les mots de passe des comptes utilisateurs,
   - la dernière possibilité est de commettre des actions destructrices (effacement de fichiers, vol de données, ...) sur la machine à laquelle il a déjà accès, au risque de ne plus pouvoir se réintroduire dans le système. Cette étape peut nécessiter des sniffeurs ou des outils de scan selon les choix d'actions à mener.

I.4.2. TEST D'INTRUSIONS SUR LE RESEAU D'UNE BANQUE

Les tests d'intrusions existent sous plusieurs formes : les tests d'intrusions en *« boîte noire »* c'est-à-dire sans informations préalables de la cible et les tests d'intrusions en *« boîte blanche »* c'est-à-dire avec une connaissance préalable de la cible. De même ces tests d'intrusions peuvent être aussi bien internes qu'externes.

I.4.2.1. Tests d'intrusions externes en « boîte noire »

Les tests d'intrusions externes sur le réseau peuvent démarrer avec la seule connaissance du site web de la banque *www.kgbank.com* par exemple qui est une information non réservée à priori. Les scans avec Nmap et Nessus permettront alors d'obtenir l'adresse IP du serveur web.

I.4.2.1.1. Les bases Whois[6]

La base Whois de AfriNIC répertorie tous les sous-réseaux de la région Afrique et leurs propriétaires respectifs. Cela permet dans un premier temps de commencer par vérifier que les adresses IP en possession correspondent bien à l'organisation cible.

I.4.2.1.2. Les bases DNS

a) L'utilitaire nslookup

L'utilitaire nslookup est intégré à BIND qui permet de procéder à des requêtes DNS à des fins de déboguage. Nslookup fonctionne dans deux modes :

- mode interactif (lorsqu'il est évoqué sans arguments),
- mode non-interactif (lorsqu'il est évoqué avec les paramètres requis pour une requête précise).

Cet outil permet d'utiliser un grand nombre d'options et paramètres qui peuvent être consultés en exécutant la commande *« man nslookup »* sur Linux.

L'utilisation de cet outil sur le serveur DNS permet, entre autres, d'avoir plus d'informations sur les noms d'hôtes des serveurs DNS de la banque.

b) L'utilitaire DIG

L'utilitaire D.I.G. (Domain Internet Groper) est un outil similaire à nslookup (qui est destiné à remplacer) et est aussi livré avec les récentes versions de BIND. Il permet de lancer des requêtes DNS dans une ligne de commande et affiche les réponses dans un format compatible avec les enregistrements BIND.

---

[6] *Whois (contraction de l'anglais who is ? signifiant littéralement qui est ?) est un service de recherche fourni par les registres Internet,*

La syntaxe de dig est de la forme : *dig [@server] domain query-type*

La sortie d'une commande dig commence par une ligne avec des informations sur la commande même (version de dig) ainsi que sur le serveur utilisé. Suivent ensuite les options utilisées pour la requête, la requête envoyée et la réponse obtenue. La partie consacrée à la réponse est constituée de la réponse elle-même, d'une section sur l'autorité de la zone concernée par la requête ainsi que d'une section pour des informations complémentaires. La fin de la sortie est constituée d'informations sur le temps écoulé pour traiter la requête, la machine à partir de laquelle elle a été lancée ainsi que la taille des données envoyées et reçues.

I.4.2.1.2. Les moteurs de recherche

Les moteurs de recherche permettent également d'obtenir de nombreux renseignements sur la cible. Nous avons utilisé dans nos travaux différents moteurs de recherche notamment *www.google.com*, *www.domaintools.com* et *www.yahoo.com*. Ceci permet d'avoir de plus amples informations sur les serveurs DNS de la banque, le serveur web/mail entre autres.

I.4.2.1.3. Détection des systèmes et des services, cartographie

Les informations déjà glanés nous permettent d'amorcer maintenant une cartographie de la plate-forme cible. A ce stade, nous ne sommes plus furtifs, car nous allons effectuer des requêtes directement sur les systèmes cibles.

Pour déterminer les machines situées entre les serveurs cibles et nous, nous avons étudié le routage des paquets échangés. Nous utilisons dans cette section les outils *traceroute* et la technique du « *firewalking* » à travers l'outil *hping2*.

A ce stade, nous avons suffisamment d'informations sur la société pour procéder à une véritable intrusion en suivant les étapes déjà décrites dans la section I.4.1. pour pénétrer le réseau et prendre le contrôle.

Les tests d'intrusions sur les réseaux informatiques sont internes pour la plupart et donc nous nous proposons dans la section suivante de présenter quelques outils utilisés pour les tests d'intrusions internes en « boîte blanche » question d'évaluer la résistance du réseau à ce type d'attaques.

I.4.2.2. Tests d'intrusions internes en « boîte blanche »

Les tests d'intrusions internes en « *boîte blanche* » consistent à sniffer sur les réseaux LAN du siège en mode promiscus avec l'outil Wireshark. L'analyse des paquets ainsi capturés a pour but de déterminer le niveau protection de données sur le réseau.

I.4.2.2.1. Présentation et utilisation de Wireshark

Wireshark est un des analyseurs réseaux les plus populaires du monde. Cet outil extrêmement puissant fournit des informations sur des protocoles réseaux et applicatifs à partir de données capturées sur un réseau. Comme un grand nombre de programmes, Wireshark utilise la librairie réseau *pcap*[7] pour capturer les paquets.

La force de Wireshark vient de :

- sa facilité d'installation,
- sa simplicité d'utilisation de son interface graphique,
- son très grand nombre de fonctionnalités.

Wireshark fut appelé Ethereal jusqu'en 2006 où le développeur principal décida de changer son nom en raison de problèmes de copyright avec le nom de Ethereal qui était enregistré par la société qu'il décida de quitter en 2006.

L'analyse des paquets capturés sur le réseau interne de la banque, à travers le logiciel *Caen & Abel* par exemple, peut révéler des failles de sécurité pouvant être exploitées en interne.

I.4.2.2.2. Intrusions internes divers

La plupart des tests d'intrusions internes (vol de mot de passe, usurpation d'IP, attaque de force brute) sur les réseaux informatiques utilisent l'*ingénierie sociale* qui

---

[7]*pcap est une interface de programmation (API) permettant de capturer un trafic réseau. Dans les systèmes Unix/Linux, pcap est implémenté au sein de la librairie libpcap. WinPcap est le portage sous Windows de libpcap.*

consiste à manipuler les êtres humains c'est-à-dire utiliser la naïveté et la gentillesse exagérée des utilisateurs du réseau pour obtenir des informations sur ces derniers. Ces informations sont par la suite exploitées pour obtenir soit des privilèges supplémentaires soit pour accéder aux services et données qui leur sont interdits.

C'est la raison pour laquelle la politique de sécurité doit être globale et intégrer les facteurs humains (par exemple la sensibilisation des acteurs aux problèmes de sécurité).

La tâche des attaquants peut être plus compliquée si les administrateurs et responsables de sécurité du réseau détectent en temps opportun les tentatives d'intrusions. Pour cela, ils peuvent utiliser les IDS (Intrusion Detection System) pour détecter et bloquer les tentatives d'intrusions. La section suivante est consacrée à un des IDS les plus utilisés du moment à savoir « *Snort* ».

I.5. DETECTION D'INTRUSIONS AVEC « SNORT »

Snort est un projet Open Source de détection d'intrusion sur le réseau open-source fonctionnant sur les systèmes Windows et Linux. Capable d'analyser en temps réel le trafic et de consigner le transit des paquets de données sur le réseau IP, il peut réaliser une analyse de protocole, une recherche sur le contenu et peut être utilisé pour détecter un nombre important d'attaques réseau connues et permet ainsi d'alerter quant aux tentatives d'intrusion sur votre réseau.

Nous avons utilisé dans nos travaux une version linux de Snort disponible sur la distribution Debian version 4.

Les étapes d'installation de snort sont les suivantes :

- les prérequis pour l'installation de snort,
- installation de snort,
- test de fonctionnement,
- liaison snort avec mysql,

27

- mise en place d'ACID (Interface php pour visualiser les logs snort).

I.5.1. LES PREREQUIS POUR L'INSTALLATION DE SNORT

Les packages suivants sont requis pour le fonctionnement de snort sur linux debian 4 :

- mysql-server-5.0,
- mysql-client-50,
- php5-mysql,
- apache2.

Remarque: sur Debian, il suffit de taper la commande *apt-get install nom_du_paquet.*

I.5.2. INSTALLATION DE L'OUTIL SNORT

Vous pouvez télécharger snort, paquet source ou binaire, à partir du site officiel: *http://www.snort.org/* .

Dans un terminal shell exécutez les commandes suivantes :

À *partir de source*	À *partir du binaires*	
# tar –xzvf snort-x.x.x # cd snort-x.x.x # make # cd make install	# rpm –ivh snort-mysql-2.6.x.rpm	

Sur Debian il suffit juste d'exécuter la commande ***apt-get install snort***.

Après l'installation, nous allons actuellement installer les règles de snort. Ces règles peuvent être téléchargées à partir de l'adresse suivante : *http://www.snort.org/*.

La mise à jour de ces règles lorsqu'on n'utilise pas la version commerciale de snort est décalée d'un mois.

```
# cp snort-pr-x.x.tar.gz /etc/snort
# cd /etc/snort
# tar -xzvf snort-pr-x.x.tar.gz
```

Les règles sont installées dans /etc/snort/rules. Maintenant, il faut éditer le fichier de configuration snort (/etc/snort/snort.conf) et spécifier le réseau sur lequel l'IDS travaille. Il faut pour cela modifier les variables suivantes:

"var HOME_NET any" à "var HOME_NET 192.168.99.0/24" (Selon votre plage)
"var EXTERNAL_NET any" à "var EXTERNAL_NET !$HOME_NET" (On ne fait confiance à aucun réseau)
"var DNS_SERVERS $HOME_NET" à "var HOME_NET 195.24.194.177" (Adresse de notre DNS)
"var RULE_PATH" à "var RULE_PATH /etc/snort/rules"
Il convient de choisir les règles de détection à activer selon l'environnement à surveiller, en commentant ou décommentant les lignes d'appels des règles.

I.5.3. TEST DE FONCTIONNEMENT :

I.5.3.1. Mode sniffeur:

Ce mode permet d'écouter les paquets TCP/IP circulant dans le réseau et les afficher sur l'écran. Pour cela, il suffit d'utiliser la commande *snort* avec les options *–v* et *-vd*.

I.5.3.2. Mode paquet logger :

Ce mode permet de sniffer le trafic des paquets TCP/IP et journalise les logs dans un répertoire déjà créé. Pour cela nous avons utilisé l'option *–l ./log* de la commande *snort*.

I.5.3.3. Mode NIDS :

Le mode NIDS permet d'analyser le trafic réseau des paquets TCP/IP en le comparant à des règles spécifiées dans le fichier « snort.conf ». Ce guide est déjà dédié pour la mise en place de snort en mode NIDS.

Vous pouvez lancer snort avec cette commande : *snort -c /etc/snort/snort.conf -D*

L'option «c»: permet de spécifier quelles sont les règles qui seront actives.

L'option «D» : permet de lancer snort en mode daemon (c'est-à-dire en arrière plan).

I.5.4. LIAISON DES LOGS DE SNORT AVEC MYSQL :

Une fois connecté sur la base mysql en tant qu'administrateur « mysql –u root –p », il convient de suivre la procédure suivante afin de créer la base snort :

create database snort ; //création de la base snort

use mysql ; //on se place ici pour créer l'utilisateur qui gèrera la base snort

insert into user values ('localhost', 'root', password('root')); //création de l'utilisateur de la base de données snort

grant ALL PRIVILEGES on snort.* to root@localhost identified by 'root' WITH GRANT OPTION; //attribution des droits de la base snort à l'utilisateur root

Une fois ces commandes effectuées, il suffit d'exécuter le script sql fourni avec la distribution de snort.

Mysql> source /etc/snort/contrib/create_mysql

I.5.5. CREATION DE NOUVELLES REGLES

Bien que le site officiel de Snort propose des règles prêtes à l'emploi et régulièrement mises à jour, il peut être intéressant de créer ses propres règles afin d'adapter au mieux snort au réseau qu'il doit surveiller et protéger. Par convention, les nouvelles règles personnelles sont à placer dans le fichier local.rules.

Exemple de règle :

alert tcp any any -> $HTTP_SERVERS $HTTP_PORTS (msg:"WEB- ATTACKS /bin/ls command attempt"; uricontent:"/bin/ls"; nocase; classtype:web-application-attack;

Cette règle permet de générer une alerte quand un paquet provient d'un couple (adresse:port) quelconque, est à destination des serveurs HTTP définis dans snort.conf, et contient la chaîne «/bin/ls » dans l'URI. Le message de l'alerte sera « WEB-ATTACKS /bin/ls command attempt ». Cette attaque sera classée dans la classe web-application-attack (priorité medium par défaut).

Il est bien sûr impossible d'être exhaustif ici pour décrire le format des règles Snort. Le manuel utilisateur disponible sur le site officiel indique comment utiliser au mieux le langage des signatures de Snort.

I.5.6. MISE EN PLACE D'ACID :

ACID est une interface PHP qui permet de visualiser les alarmes générées par snort. ACID dépend de ces deux paquets :

- *Adodb* : Contient des scripts PHP génériques de gestion de bases de données. Nous avons utilisé la librairie PHP libphp-adodb de Debian.
- *PHPlot* : librairie de scripts PHP utilisée par ACID pour présenter graphiquement certaines données statistiques. PHPlot peut être téléchargé sur le site.

Après avoir téléchargé ACID et PHPlot, il faut installer ces derniers dans la racine d'Apache de la manière suivante :

```
cd /var/www/
tar -xvzf acid*
tar -xvzf phplot*
```

Une fois l'installation terminée, il convient de configurer ACID dans son fichier de configuration /var/www/acid/acid_conf.php. En ce qui nous concerne, certains champs ont été modifiés comme suit :

- $DBlib_path="/usr/share/php/adodb";
- $Chartlin_path="/var/www/phplot-5.0.5";

- alert_dbname="snort"
- alert_host="localhost"
- alert_user="root"
- alert_password="root"

Voilà, maintenant nous pouvons vérifier qu'ACID est bien configuré en saisissant l'url *http://localhost/acid* dans le navigateur.

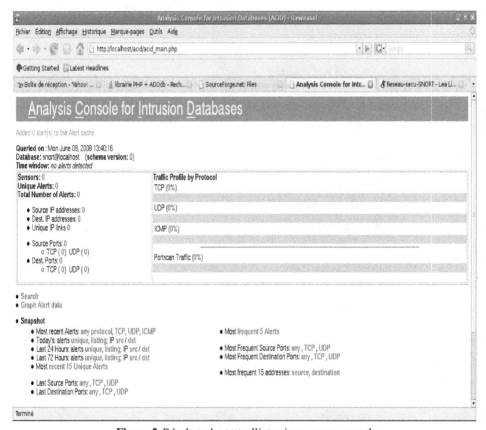

Figure 5. Résultats des tests d'intrusions sur une console

Nous avons par cette dernière étape, terminé l'installation et l'utilisation de snort. Nous allons dans les pages suivantes proposer un certain nombre de recommandations pouvant s'avérer nécessaires pour une bonne sécurité réseau.

I.6. RECOMMANDATIONS

Les recommandations de cette partie ne sont qu'une conséquence des scans, des tests d'intrusions effectués dans les précédentes sections ainsi que de notre expérience en audit de sécurité.

R1 : FERMETURE DES PORTS NON UITLISES

Les ports non utilisés peuvent être exploités à tout moment par les attaquants comme porte d'entrée dans le système.

C'est le cas des ports 21 (ftp) et 3306 (mysql) du serveur web/mail qui étaient ouverts au moment de notre scan mais aucun service à l'écoute.

C'est le même constat pour les ports Telnet et SSH qui sont ouverts en même temps sur les VPN des différentes agences. Il faut dire que SSH a été crée pour pallier les insuffisances de Telnet et donc, le port Telnet doit être fermé en cas d'utilisation de SSH.

De même les ports, pop3 et pop3s, imap et imaps sont ouverts au moment de notre scan. Ceux de ces ports qui ne sont pas utilisés doivent être fermés parce qu'ils présentent un risque pour la sécurité.

R2 : RENDRE LES SERVEURS FURTIFS

Les configurations par défaut doivent être évitées au niveau des serveurs. Les informations comme le type et la version du système d'exploitation utilisé, les versions des services qui écoutent sur les différents ports doivent être cachées et rendues inaccessibles lors des scans. Les sections réservées à cet effet se trouvent dans les fichiers de configuration des différents services.

Les fichiers de configuration des différents serveurs doivent être édités et modifiés pour éviter d'avoir des serveurs dits « bavards ».

Pour le serveur Apache par exemple, il faut ajouter les lignes suivantes dans le fichier http.conf :

```
ServerTokens Prod
ServerSignature Off
```

R3 : DESARMER LA METHODE TRACE DE HTTP

La méthode TRACE du serveur http est utilisée pour le débogage des connections au niveau du serveur web. Le diagnostic de Nessus propose un processus pour désarmer cette méthode.

R4 : LA MISE A JOUR DES APPLICATIONS

L'évolution des applications ne concerne pas seulement les commodités d'utilisation au niveau de l'interface et l'ajout des fonctions supplémentaires mais aussi la sécurité de ces applications. Ce dernier aspect n'est pas souvent perçu par l'utilisateur non averti qui est de ce fait insensible à la mise à jour des applications. Ainsi plusieurs versions d'une même application offrent souvent les mêmes fonctions ainsi que les mêmes commodités d'utilisation mais les dernières versions corrigent souvent certains détails de sécurité qui ne sont pas facilement perceptibles.

Le diagnostic fait à travers Nessus plus haut dans ce document a notamment indiqué que les serveurs Apache et SSL étaient exposés à certaines vulnérabilités du simple fait que ces derniers n'étaient pas à jour.

R5 : RENFORCEMENT DE LA SECURITE DES MOTS DE PASSE ET CLES CRYPTOGRAPHIQUES

⇒ SECURITE DES MOTS DE PASSE

Les mots de passe par défaut au niveau des serveurs, des routeurs ainsi que des applications réseaux doivent être supprimés et remplacés par des mots de passe plus sûrs dès la première utilisation de ces derniers. Bien plus, les mots de passe doivent être choisis de manière à échapper aux attaques de type dictionnaire (noms, prénoms, date de naissance, mots du langage courant) et aux attaques de force brute.

Pour combattre ce type d'attaques il est recommandé de :

- ne pas utiliser des mots de votre langage courant,
- choisir des mots de passe longs (souvent au moins 8 caractères), avec une suite de caractères totalement aléatoires et avec des caractères spéciaux,
- alterner les majuscules et les minuscules.

⇒ **CRYPTOGRAPHIE**

L'algorithme de cryptographie utilisé lors de l'envoi des données sur le réseau est **DES**. Ce qui pose un problème de sécurité car cet algorithme a été cassé en 1998 et remplacé par AES.

Nous proposons l'utilisation d'un protocole de cryptographie basé sur AES et RSA. AES est le nouvel algorithme de cryptographie symétrique non encore cassé. RSA est le meilleur algorithme de cryptographie asymétrique recommandé en ce moment.

L'utilisation RSA nécessite pour autant la mise en place d'une infrastructure à clefs publiques (PKI) pour garantir l'authenticité des clés publiques. La banque doit pour cela choisir une autorité de certification sûre et reconnue mondialement.

Par ailleurs, le stockage des certificats nécessaires au fonctionnement de HTTPS, IMAPS, ... doit être effectué avec la plus grande prudence (le responsable devra éviter d'en conserver une copie dans un dossier mail par exemple).

R6 : DETECTION D'INTRUSIONS

Il faut installer à divers points stratégiques du réseau des IDS pour détecter les tentatives d'intrusions (scan des ports, scan des vulnérabilités). Un processus d'installation et de configuration de *Snort* a été proposé dans ce document.

L'entreprise pourra acquérir la version commerciale de ce produit pour bénéficier des mises à jour de la base des vulnérabilités en temps réel.

Bien plus, l'installation d'une sonde Ntop au cœur du réseau est nécessaire pour visualiser facilement les machines qui utilisent le réseau. C'est juste visuel mais très pratique.

R7 : ATTAQUES SUR LES PROTOCOLES

Nous allons proposer dans cette section les parades à prendre pour éviter les attaques sur certains protocoles : ARP, DHCP.

⇒ ARP-POISONING

La solution la plus immédiate consiste à saisir manuellement sur chaque poste la table de toutes les adresses physiques présentes sur le réseau local. Si elle est immédiate, cette solution est quasiment inapplicable compte tenu du nombre d'hôtes connectés au réseau local.

Une solution correcte consiste à mettre en place un serveur DHCP avec une liste «fermée» de correspondance entre adresses physiques (MAC) et IP. Relativement à la solution précédente, la liste exhaustive des adresses physiques est centralisée sur le serveur DHCP. On peut ensuite configurer la journalisation du service pour que toute requête DHCP relative à une adresse MAC inconnue génère un courrier vers l'administrateur système ou réseau. Pour cela, l'administrateur réseau peut utiliser sous Windows l'outil DHCPCMD pour configurer le serveur dhcp à la ligne de commande.

Cette deuxième solution convient également pour pallier les attaques sur le serveur DHCP.

⇒ DNS ID SPOOFING ET DNS CACHE POISONING

Pour éviter ces diverses attaques sur le serveur DNS, il faut :

- configurer votre serveur DNS pour qu'il ne résolve directement que les noms de machine du réseau sur lequel il a autorité ;
- autoriser seulement des machines internes à demander la résolution de noms de domaines distants ;
- mettre à jour ou changer les logiciels assurant le service DNS pour qu'ils vous protègent de ces diverses attaques.

R8 : VEILLE SECURITE

Face aux multiples failles de sécurité des systèmes d'information et des réseaux informatiques en particulier, seule la veille permet de répondre aux objectifs de continuité de service. Pour assurer cette veille, les responsables sécurité et veille doivent surveiller l'apparition de *nouvelles vulnérabilités* et alerter sur les *menaces* ciblant les systèmes et réseaux informatiques.

La veille sécurité permet aux RSSI et à leurs équipes d'anticiper les incidents de sécurité : intrusion, attaque virale, DoS, ...

La DARPA (Defense Advanced Research Projects Agency) a décidé la mise en place en 1988, à la suite d'une attaque sur Internet, des centres d'alerte et de réaction aux attaques informatiques. Ces CERT proposent une base de données sur les alertes de sécurité. Ces bases publiques sont accessibles à travers le site internet du CERT/CC www.cert.org.

En France, plusieurs CSIRT ont été crées :

- le *CERTA* est le CERT dédié au secteur de l'administration française ;
- le *CERT-IST* est le CERT dédié au secteur de l'Industrie, des Services et du Tertiaire (IST) ;
- le *CERT-RENATER* est le CERT dédié à la communauté des membres du GIP RENATER (Réseau National de télécommunications pour la Technologie, l'Enseignement et la Recherche).

Enfin, l'entreprise peut acquérir la version commerciale du logiciel d'analyse des vulnérabilités connues *Nessus* dont l'installation, la configuration ainsi que l'utilisation ont été effectués dans le présent document.

R9 : AUDITS INTERNES DE SECURITE

Des audits internes de sécurité doivent être réalisés de manière permanente et les recommandations intégrées à la politique de sécurité.

La politique de sécurité doit être ainsi animée par des personnes différentes de celles qui l'appliquent.

La séparation des responsabilités est essentielle pour l'application du cadre commun de la Sécurité. En effet, une personne ne doit pas se trouver à la fois en position de donneur d'ordre, de réalisateur et de contrôleur de bon achèvement. Cela permet d'éviter à ces personnes d'être en même temps juge et partie.

DEUXIEME PARTIE : DEFINITION DE LA POLITIQUE DE SECURITE DU RESEAU INFORMATIQUE D'UNE BANQUE

Une *politique de sécurité réseau* est un document générique qui définit des règles à suivre pour les accès au réseau informatique et pour les flux autorisés ou non, détermine comment les politiques sont appliquées et présente une partie de l'architecture de base de l'environnement de sécurité du réseau.

La mise en place d'une politique de sécurité adéquate est essentielle à la bonne sécurisation des réseaux et systèmes d'information.

II.1. LES MODELES DE SECURITE

A partir du début des années 70, plusieurs modèles de sécurité se sont succédés : I-BAC, R-BAC, V-BAC, T-MAC et plus récemment Or-BAC. Nous allons évoquer brièvement ces modèles de sécurité mais nous marquerons un temps d'arrêt sur le modèle Or-BAC que nous utiliserons dans la suite.

II.1.1. LE MODELE I-BAC (IDENTITY BASED CONTROL ACCESS)

Premier modèle de contrôle d'accès proposé dans la littérature, ce modèle introduit les concepts fondamentaux de sujet, d'action et d'objet :

- le *sujet* est l'entité active du SI (utilisateur, ordinateur, processus, programme,...) ;
- l'*objet* est l'entité passive du SI (fichier, base de donnée, ordinateur, programme,...) ;
- l'*action* désigne l'effet recherché lorsqu'un sujet accède à un objet (lire, écrire, modifier,...).

39

L'objectif du modèle I-BAC est de contrôler tout accès direct des sujets aux objets via l'utilisation des actions. Ce contrôle est basé sur l'identité du sujet et l'identificateur de l'objet, d'où le nom du modèle I-BAC.

Le modèle I-BAC présente cependant des limites. La politique d'autorisation devient complexe à exprimer et administrer. Il est en effet nécessaire d'énumérer les autorisations pour chaque sujet, action et objet. En particulier, lorsqu'un nouveau sujet ou objet est créé, il est nécessaire de mettre à jour la politique d'autorisation pour définir les nouvelles permissions associées à ce sujet ou objet.

II.1.2. LE MODELE R-BAC (ROLE BASED ACCESS CONTROL)

Le modèle RBAC (Role Based Access Control) propose de structurer l'expression de la politique d'autorisation autour du concept de rôle. Un *rôle* est un concept organisationnel : des rôles sont affectés aux utilisateurs conformément à la fonction attribuée à ces utilisateurs dans l'organisation. Le principe de base du modèle R-BAC est de considérer que les autorisations sont directement associées aux rôles. Dans R-BAC, les rôles reçoivent donc des autorisations de réaliser des actions sur des objets.

Un autre concept introduit par le modèle R-BAC est celui de session. Pour pouvoir réaliser une action sur un objet, un utilisateur doit d'abord créer une session et, dans cette session, activer un rôle qui a reçu l'autorisation de réaliser cette action sur cet objet. Si un tel rôle existe et si cet utilisateur a été affecté à ce rôle, alors cet utilisateur aura la permission de réaliser cette action sur cet objet une fois ce rôle activé. Lorsqu'un nouveau sujet est créé dans le SI, il suffit d'affecter des rôles au sujet pour que ce sujet puisse accéder au SI conformément aux permissions accordées à cet ensemble de rôles.

Comparé au modèle I-BAC, la gestion de la politique d'autorisation s'en trouve simplifiée puisqu'il n'est plus nécessaire de mettre à jour cette politique chaque fois qu'un nouveau sujet est créé.

Mais comme I-BAC, le modèle R-BAC ne considère que des autorisations positives (permissions) et fait donc l'hypothèse que la politique est fermée. Bien plus, dans les modèles I-BAC et R-BAC, les actions correspondent généralement à des commandes élémentaires, comme la lecture du contenu d'un objet ou l'écriture dans un objet. Dans les applications récentes, le besoin apparaît de contrôler la réalisation d'actions composites, appelées tâches ou *activités*. Par exemple, dans une agence de voyage, la tâche d'achat d'un billet d'avion se décompose en plusieurs actions plus élémentaires telles que la réservation du billet, le paiement du billet et l'édition d'une facture. Le besoin de contrôle sur des activités composites est en particulier présent dans les applications de type workflow8 d'où la modèle T-BAC.

II.1.3. LE MODELE T-BAC (TASK BASED ACCESS CONTROL)

Le modèle T-BAC fut le premier modèle à introduire le concept de tâche. D'autres modèles ont ensuite été développés pour contrôler l'exécution des activités dans un workflow. En particulier, l'utilisateur ne doit obtenir une permission que lorsque c'est nécessaire pour poursuivre l'exécution de l'activité considérée ("just in time" permission). Ainsi, dans l'exemple d'achat d'un billet d'avion, la permission d'éditer une facture ne doit être activée qu'après la réservation et l'achat du billet. Il est parfaitement possible de combiner les concepts de rôle et de tâche pour spécifier une politique d'autorisation et obtenir ainsi un modèle que l'on peut appeler *TR-BAC* (Task and Role Based Access Control). Dans ce cas, les permissions affectées aux rôles portent sur la réalisation des tâches. Diverses contraintes peuvent être spécifiées pour par exemple spécifier qu'un même sujet doit intervenir dans certaines actions nécessaires à la réalisation de la tâche (éventuellement avec des rôles différents).

Les modèles R-BAC et T-BAC ont respectivement introduit les concepts de rôle et de tâche pour structurer les sujets et les actions. Pour faciliter l'expression et la gestion d'une politique d'autorisation, nous avons également besoin d'un concept pour

---

8 On appelle « workflow » (traduisez littéralement « flux de travail ») la modélisation et la gestion informatique de l'ensemble des tâches à accomplir et des différents acteurs impliqués dans la réalisation d'un processus métier.

structurer les objets. Parmi les modèles de contrôle d'accès proposant une telle structuration des objets, on peut citer le modèle de sécurité proposé par SQL pour les bases de données relationnelles.

L'expression d'une politique de sécurité en SQL repose sur le concept de vue. Ce type de modèle de contrôle d'accès basé sur les vues est appelé V-BAC.

II.1.4. LE MODELE V-BAC (VIEW BASED ACCESS CONTROL)

Intuitivement, dans une base de données relationnelle, une vue correspond au résultat d'une requête SQL auquel on a donné un nom. Ce concept de vue est ensuite utilisé pour structurer l'expression d'une politique d'autorisation à l'aide des instructions GRANT (qui permet d'accorder une nouvelle permission à un utilisateur) et REVOKE (qui permet de supprimer une permission que possédait un utilisateur). Une vue constitue donc un moyen efficace pour accorder un accès à l'ensemble des objets contenus dans la vue.

Cependant, dans les applications récentes, il est souvent nécessaire de considérer plusieurs organisations simultanément. Par exemple, dans les applications de services web, un utilisateur d'une certaine organisation peut souhaiter accéder aux données appartenant à une autre organisation. Une organisation est une entité structurée. Par exemple, un hôpital correspond à une organisation qui se décompose en plusieurs sous-organisations : les différents départements de l'hôpital, les différents services de ces départements, etc. Chaque organisation gère en général sa propre politique d'autorisation. Certaines organisations peuvent également être créées dynamiquement en fonction des activités que doit prendre en charge l'hôpital. Par exemple, une équipe de soin peut être créée pour prendre en charge un patient particulier. Cette organisation pourra ensuite être dissoute une fois les activités réalisées. Remarquons que les autorisations d'un sujet dépendent non seulement du rôle du sujet mais également de l'organisation dans laquelle ce sujet exerce son rôle. Ce problème a été identifié dans le modèle T-MAC.

II.1.5. LE MODELE T-MAC (TEAM BASED ACCESS CONTROL)

Le modèle T-MAC introduit la notion d'équipe. Dans T-MAC, des autorisations sont associées aux rôles ainsi qu'aux équipes. Les autorisations que possède un sujet résultent de la combinaison des autorisations associées aux rôles exercés par le sujet et des autorisations associées à l'équipe à laquelle est affecté le sujet. Plusieurs combinaisons (par exemple, l'union des autorisations) sont envisagées. En fait, le modèle T-MAC est incorrect car il introduit deux relations binaires : rôle-autorisation et équipe-autorisation. Si l'on introduit la notion d'équipe, il est en fait nécessaire de considérer une relation ternaire équipe-rôle-autorisation pour spécifier que les autorisations dépendent non seulement du rôle mais aussi de l'équipe dans laquelle est exercé ce rôle. A l'aide d'une telle relation ternaire, on pourra ainsi facilement spécifier que les autorisations du rôle médecin changent suivant qu'il s'agit d'un médecin dans une équipe de garde ou d'un médecin dans une équipe d'urgence.

Cette imperfection du modèle T-MAC a été corrigée dans le modèle Or-BAC, que nous allons présenter dans les sections suivantes.

II.1.6. LE MODÈLE OR-BAC (ORGANIZATION BASED ACCESS CONTROL)

II.1.6.1. Les objectifs et avantages d'Or-BAC

L'objectif d'Or-BAC est de permettre la modélisation d'une variété de politiques de sécurité basées sur le contexte de l'organisation. Pour arriver à ce but, et afin de réduire la complexité de gestion des droits d'accès, le modèle Or-BAC repose sur quatre grands principes :

- l'*organisation* est l'entité centrale du modèle ;
- il y a deux niveaux d'abstraction :

  o un niveau concret : sujet, action, objet,
  o un niveau abstrait : rôle, activité, vue,

- la possibilité d'exprimer des permissions, des interdictions, et des obligations ;

- la possibilité d'exprimer les contextes.

Ainsi, en plus d'avoir une politique de sécurité indépendante de son implémentation, Or-BAC a d'autres avantages. Il permet d'exprimer aussi bien des permissions, que des interdictions et des obligations. Il prend en compte les contextes, les hiérarchies et la délégation.

L'introduction d'un niveau permet aussi la structuration des entités comme on le voit sur le schéma suivant:

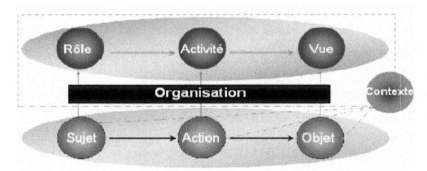

Figure 6. Architecture générale du modèle Or-BAC

Ainsi dans Or-BAC, un rôle est un ensemble de sujets sur lesquels sont appliquées les mêmes règles de sécurité. Identiquement, une activité est un ensemble d'actions sur lesquels sont appliquées les mêmes règles de sécurité et une vue est un ensemble d'objets sur lesquels sont appliquées les mêmes règles de sécurité.

II.1.6.2. Les interactions d'Or-BAC

Sur le schéma suivant, on peut apercevoir les interactions existantes dans Or-BAC. Afin de ne pas surcharger celui-ci l'interaction entre le contexte et les entités concrètes n'est pas représentée.

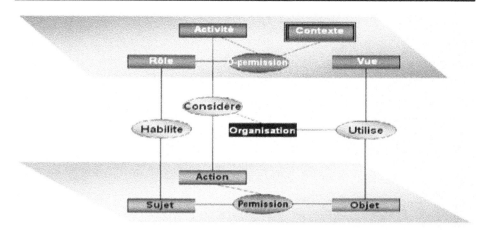

Figure 7. Les interactions du modèle Or-BAC

Les prédicats d'Or-BAC liés aux interactions seront décrits dans la section du même nom.

II.1.6.3. La notion de contexte

On voit apparaître sur ce schéma des interactions une entité qui n'apparait pas dans les autres modèles de contrôle d'accès : le contexte. Celui-ci est défini pour une organisation, un sujet, une action, des objets donnés. Les contextes permettent d'exprimer des permissions ou des interdictions dans certaines circonstances (urgence à l'hôpital, heures de travail dans une entreprise,...). Il est facile d'imaginer que dans un contexte d'urgence, on désirera qu'un infirmier puisse accéder au dossier d'un patient sans avoir besoin d'appeler l'administrateur afin que celui-ci lui donne les droits (peut-être trop tard). Cette possibilité de nuancer les autorisations n'est pas offerte par les autres modèles, alors que dans de nombreuses organisations (hôpital, entreprise,...) il existe un réel besoin de ne donner des droits que dans des circonstances précises.

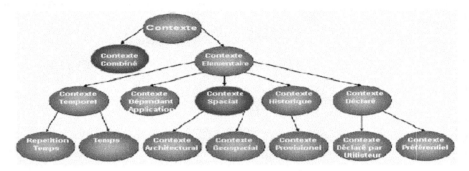

Figure 8. Différents types de contextes du modèle Or-BAC

Pour le modèle Or-BAC, on a regroupés les différents contextes par type (comme sur le schéma ci-dessus) :

- *contexte temporel* : ce sont des contextes régissant la durée de validité des privilèges ;

- *contexte spatial* : il peut être lié à l'appartenance à un réseau, ou la position géographique, ou à toute autre situation spatiale ;

- *contexte déclaré par l'utilisateur* : ce type de contexte est activé, par exemple, par le médecin en cas d'urgence, ou pour signaler que l'on effectue un audit. Dans ces cas exceptionnels, des permissions peuvent être données alors qu'elles seraient interdites dans un cas normal. L'utilisateur qui déclare le contexte est obligé en contrepartie de faire un compte-rendu des opérations effectuées et peut être des raisons qui l'ont motivé à déclarer ce contexte ;

- *contexte prérequis* : leur utilisation permet de contraindre les sujets concernés par les permissions ou les interdictions dépendant de ces contextes et qui vient réduire ou étendre les droits d'accès hérités du rôle associé ;

- *contexte provisionnel* : ce contexte permet de donner des privilèges en fonction de l'historique. Par exemple, le contexte "accès limités à 2 fois" regarde si le document, objet de l'action, a été accédé au moins 2 fois.

A noter que dans une modélisation Or-BAC, on définit toujours un contexte par défaut.

II.3.6.4. La notion de hiérarchie

Afin de gérer plus facilement des sous-organisations, en automatisant la dérivation des permissions, Or-BAC permet de définir des hiérarchies sur les rôles, les activités, les vues et les contextes. On a ainsi l'héritage des permissions et des interdictions en descendant dans la hiérarchie des rôles, des activités, des vues et des contextes. Tout comme dans R-BAC, l'héritage permet de simplifier la tâche de l'administrateur en automatisant partiellement l'attribution des privilèges. Comme dans R-BAC, il existe deux façons de définir la hiérarchie de l'héritage :

- la première vision pour définir la hiérarchie est la hiérarchie organisationnelle. Le directeur est hiérarchiquement supérieur à un ingénieur. Dans certains cas, il peut donc hériter de toutes les permissions de ce rôle (pour vérifier le travail de celui-ci). On dit alors que R1 est senior de R2 et R2 est junior rôle de R1, si un utilisateur jouant le rôle R1 est supérieur hiérarchique de R2 ;

- la deuxième vision est la hiérarchie obtenue par la relation de spécification/généralisation est définie telle que R1 est un senior rôle de R2 si chaque fois qu'un utilisateur joue le rôle de R1, elle joue le rôle de R2. Par exemple sur la hiérarchie présentée sur le schéma un peu plus en dessous, le chirurgien est aussi un médecin. Donc à chaque fois qu'un utilisateur est associé au rôle de chirurgien, il joue aussi le rôle de médecin. Le rôle chirurgien est un senior rôle de du rôle médecin. Un rôle R1 senior de R2 hérite donc les permissions affectées à R2.

Dans Or-BAC, ces deux hiérarchies réapparaissent mais les droits qui leur sont associés sont quelque peut modifiés. En effet, avec le modèle Or-BAC, on peut définir des permissions mais aussi des interdictions. Dans Or-BAC, on peut aussi spécialiser un rôle. On voit donc apparaître une hiérarchie liée à cette spécification.

Dans cette hiérarchie si on veut qu'un rôle senior puisse avoir plus de pouvoir que son rôle junior, alors il faut que le rôle senior hérite des permissions de son rôle junior et que les interdictions liées au rôle senior soient héritées par son rôle junior. De plus, par rapport à R-BAC, Or-BAC introduit le concept d'organisation, ce qui donne une nouvelle dimension à l'héritage. En effet, il est possible qu'un rôle puisse toujours englober un certain sous-rôle quelle que soit l'organisation dans laquelle on se place. Par exemple, dans tout hôpital, le rôle de chirurgien est une spécialisation du sous-rôle médecin. Or-BAC permet donc au chirurgien d'hériter de tous les droits du médecin en ne définissant qu'une seule fois les droits. Le reste se fait grâce à la relation de spécialisation/généralisation. Identiquement, les vues et les activités possèdent des sous-vues et des sous-activités. On les hiérarchise donc afin de créer pour elles aussi cette relation de spécialisation/généralisation.

Figure 9. Relation de spécialisation/généralisation du modèle Or-BAC

Un petit exemple de dérivation de privilèges par la hiérarchie dans Or-BAC, sur le schéma, si on a :

> Permission (Org.HOP, Médecin, Opérer, patient, ctx.MéduPat.OUctx.Urg)
> alors à partir de la hiérarchie définie, on dérive automatiquement :
> Permission (Org.HOP, Urologue, Opérer, patient, ctx.MéduPat.OUctx.Urg) et
> Permission (Org.HOP, Chirurgien, Opérer, patient, ctx.MéduPat.OUctx.Urg)

II.1.6.5. La notion de délégation

La délégation permet de donner à un utilisateur particulier un privilège, sans donner ce privilège à toutes les personnes ayant le même rôle que lui. La délégation, bien que très utilisée, est très peu modélisée dans les politiques de sécurité car ce concept est très complexe.

En effet, grâce à une délégation, une permission peut être donnée par le détenteur d'un droit à un tiers pour agir à sa place ou à la place d'un autre. On voit déjà ici apparaître qu'une délégation peut faire intervenir plusieurs parties :

- le sujet qui possède le privilège,

- le sujet a qui on délègue le privilège,

- le sujet qui délègue le privilège (pour agir à sa place ou à la place d'un autre).

Il existe trois types de situation dans lesquelles la notion de délégation apparaît :

- la maintenance d'un rôle,

- la décentralisation de l'autorité,

- le travail de collaboration.

La maintenance d'un rôle correspond au cas où un utilisateur doit déléguer une partie de ses permissions afin qu'on puisse remplir toutes ses obligations pendant son absence. La décentralisation de l'autorité est surtout utile dans le cas où on modifie une partie de l'organisation. En pratique, ce cas peut correspondre à l'ouverture d'un nouvel hôpital dans lequel on va transférer une partie des médecins exerçant dans les autres hôpitaux de la région. Le cas du travail en collaboration est évident, si on souhaite que notre partenaire puisse lire les documents que l'on possède sur un projet donné, il faut lui en donner l'autorisation.

Cependant, la délégation pose de nombreux problèmes. Entre autre, un utilisateur X ayant obtenu tous les droits d'un autre utilisateur Y peut ôter les droits à Y si X possède certains droits administratifs. Il peut aussi arriver que l'on oublie de révoquer une délégation faite à Z et qui n'a plus d'utilité d'être, ce qui peut laisser la possibilité à Z de se faire passer pour quelqu'un d'autre. C'est l'une des raisons pour lesquelles il est important de définir deux types de permission, celles
qui sont délégables et celle qui ne peuvent l'être.

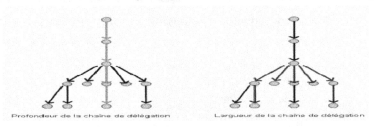

Figure 10. Délégation des pouvoirs du modèle Or-BAC

De plus, la délégation est liée à une multitude de notions :

- ***délégation temporaire/permanente*** : il faut tout d'abord distinguer les délégations temporaires ou permanentes. En effet, on peut souhaiter qu'un utilisateur ait de façon permanente un droit, afin de ne pas à avoir à renouveler sans cesse ce droit ;

- ***délégation monotone/non-monotone*** : c'est le droit de conserver son privilège quand on le délègue. Dans le cas où la délégation est monotone, la personne qui délègue le droit conserve ce droit. Tandis que si la délégation est non-monotone, la personne qui délègue un droit perd ce droit ;

- ***délégation "grant-dependant"/"grant-independant"*** : dans le cas, où la délégation est temporaire et monotone, alors il faut alors choisir quelles sont les personnes susceptibles de révoquer les droits sous-délégués. Si on autorise uniquement la personne ayant déléguée originellement le droit à révoquer un droit délégué, alors on dit que c'est une délégation de type "grant-dependant". Si on autorise toute personne X ayant délégué un droit, avant que Y ait reçu ce droit par délégation, à révoquer ce droit à Y, alors on dit que la délégation est de type "grant-independant". Ce dernier type de délégation permet d'ôter rapidement un droit à une personne qui peut être malveillante, sans avoir à retrouver qui était à l'origine de la délégation (ce qui peut être très fastidieux si l'organisation est importante) ;

- *délégation totale/partielle* : On peut choisir de déléguer partiellement ou totalement un ensemble de droits. Lorsque l'on souhaite déléguer la totalité de ses droits à quelqu'un, par exemple son remplaçant, alors on applique une délégation totale. Par contre, si on ne veut donner qu'une partie de ces droits, pour déléguer juste une tâche à quelqu'un, alors on a une délégation partielle ;

- *délégation par agent/auto-active* : il y a deux façons d'administrer la délégation, si une personne X veut déléguer un droit à Y. La première solution est que c'est X qui administre la délégation. C'est la délégation auto-active. La deuxième solution est que X demande à un agent d'affecter ce droit à Y. C'est la délégation par agent. L'agent pouvant être n'importe quelle tierce personne dans l'organisation. Généralement, l'agent ne peut pas s'affecter les droits qu'il gère. Il est possible de définir le nombre de sous-délégation possible ;

- *délégation à un-pas/à pas-multiple* : dans la délégation à n-pas, un même droit pourra être délégué à une chaine de n personnes. Par exemple, X délègue à Y un droit D à 2-pas et Y délègue D à 1-pas à Z.

- *délégation simple/multiple* : de plus, il faut choisir si lorsqu'on autorise une personne à déléguer, elle peut elle-même déléguer son droit à une unique personne, ou à plusieurs personnes (c'est la délégation multiple).

- *délégation par accord unilatéral/bilatéral* : pour déléguer un droit, il faut qu'au moins une personne donne son accord. On peut envisager deux types d'accord pour la délégation. L'accord unilatéral ne prend en compte que la décision de la personne désirant déléguer son droit. L'accord bilatéral vérifie que les deux parties, celle qui délègue et celle qui reçoit, sont d'accord.

- *révocation de la délégation simple/en cascade* : si la délégation est temporaire, il faut pouvoir la révoquer. On a pu voir précédemment deux types de délégation jouant sur la révocation. Lorsque la délégation est "grant-dependant" alors seule la personne à l'origine de la délégation peut ôter ce droit. Quand la délégation est de type "grant-indépendant" seules les personnes ayant engendré la délégation d'un droit à une personne peuvent lui révoquer ce droit. Cependant, la personne, dont les droits ont été révoqués, a peut être pu déléguer ce droit auparavant. Cette situation peut poser des problèmes dans certains cas. Selon le type de délégation, la personne ayant était déchue d'un droit peut récupérer ce droit grâce à une personne à qui elle aurait délégué le droit. Pour anticiper ce problème, on peut créer deux types de révocation. Un premier type permet de ne révoquer le droit qu'à une personne désignée. Le deuxième type permet de révoquer le droit sur une personne, ainsi que sur toutes les personnes ayant reçu ce droit par délégation, c'est une révocation en cascade.

La délégation a de multiples avantages et offre de nombreuses possibilités. Cependant, il apparaît que si on l'autorise à mauvais escient, alors elle peut aller à l'encontre de la politique. En effet, la révocation d'une délégation permet à une personne d'ôter un droit D à une personne X. Mais que se passe-t-il lorsque la personne X possède ce droit avant la délégation? Des personnes mal intentionnées pourraient ainsi utiliser la délégation afin d'effectuer des révocations qu'ils n'avaient pas le droit de faire. D'où l'importance de bien administrer sa politique de contrôle d'accès, si la délégation est mise en place.

II.1.6.6. Les prédicats d'Or-BAC

Afin de comprendre les règles définies dans Or-BAC, on récapitule dans ces tableaux les différents prédicats liés à Or-BAC.

Les prédicats liés à l'affectation des entités abstraites aux organisations :

Nom de prédicat	Domaine	Description
Relevant_role	Org*Role	Si **org** est une organisation et **r** un rôle, alors **Relevant_role** signifie que le rôle **r** est défini dans l'organisation **org**
Relevant_activity	Org*Activity	Si **org** est une organisation et **a** une activité, alors **Relevant_activity** signifie que l'activité **a** est définie dans l'organisation **org**
Relevant_view	Org*View	Si **org** est une organisation et **v** une vue, alors **Relevant_view** signifie que la vue **v** est définie dans l'organisation **org**

Les prédicats liés aux relations d'abstraction :

Nom de prédicat	Domaine	Description
Empower	Org*Subject*Role	Si **org** est une organisation, **s** un sujet et **r** un rôle, alors **Empower** signifie que l'organisation **org** habilite le sujet **s** dans le rôle **r**
Consider	Org*Action*Activity	Si **org** est une organisation, **A** une action et **a** une activité, alors **Consider** signifie que l'organisation **org** considère l'action **A** comme faisant partie de l'activité **a**
Use	Org*Object*View	Si **org** est une organisation, **o** un objet et **v** une vue, alors **Use** signifie que l'organisation **org** utilise l'objet **o** dans la vue **v**

Les prédicats liés aux définitions des contextes :

Nom de prédicat	Domaine	Description
Hold	Org*Subject*Action *Object*Context	Si **org** est une organisation, **s** un sujet, **A** une action, **o** un objet et **c** un contexte, alors **Hold** signifie que dans l'organisation **org**, le contexte **c** est défini pour le sujet **s**, l'action **A** et l'objet **o**

Les prédicats liés aux permissions abstraites :

Nom de prédicat	Domaine	Description
Permission	Org*Role*Activity *View*Context	Si **org** est une organisation, **r** un rôle, **a** une activité, **v** une vue et **c** un contexte, alors **Permission** signifie que l'organisation **org** accorde la permission au rôle **r** de réaliser l'activité **a** sur la vue **v** dans le contexte **c**
Prohibition	Org*Role*Activity *View*Context	Si **org** est une organisation, **r** un rôle, **a** une activité, **v** une vue et **c** un contexte, alors **Prohibition** signifie que dans l'organisation **org** refuse la permission au rôle **r** de réaliser l'activité **a** sur la vue **v** dans le contexte **c**

Les prédicats liés aux permissions concrètes :

Nom de prédicat	Domaine	Description
Is_permitted	Subject*Action*Object	Si s est un sujet, A une action et o un objet, alors **Is_permitted** signifie que le sujet s a concrètement la permission de réaliser l'action A sur l'objet o
Is_prohibited	Subject*Action*Object	Si s est un sujet, A une action et o un objet, alors **Is_prohibited** signifie que le sujet s ne peut pas concrètement réaliser l'action A sur l'objet o

II.1.6.7. La gestion de conflit

Or-BAC permet d'exprimer des permissions et des interdictions. Or-BAC offre donc la possibilité de spécifier une politique mixte. Il existe dans Or-BAC une troisième catégorie de privilège : l'*obligation*. La notion d'obligation décrit les actions qu'un utilisateur doit faire sur un ensemble d'objets. Par exemple, dans un contexte d'urgence, un infirmier aura le droit d'accéder aux dossiers médicaux mais uniquement s'il fait ensuite un rapport, c'est une obligation.

La politique mixte pose de nombreux problèmes liés à la gestion des conflits potentiels et des règles redondantes. Afin d'éluder le problème des règles redondantes, on ajoute des prédicats. Ceux-ci, pour deux règles données R1 et R2, interdisent d'avoir la priorité de R1 moindre que celle de R2, lorsque toutes les conditions suivantes sont vérifiées :

- R1 et R2 sont définies pour une même organisation ;

- R1 est définie pour un rôle r1 et R2 est définie pour un rôle r2, avec r1 sous-rôle de r2 ;

- R1 est définie pour une activité a1 et R2 est définie pour une activité a2, avec a1 sous-activité de a2 ;

- R1 est définie pour une vue v1 et R2 est définie pour une vue v2, avec v1 sous-vue de v2 ;

- R1 est définie pour un contexte c1 et R2 est définie pour un contexte c2, avec c1 sous-contexte de c2 ;

Il peut apparaître un conflit, par exemple si un même utilisateur possède deux rôles et que l'un de ces rôles lui permet de faire une activité et l'autre lui interdit. On est sûr que s'il n'y a aucun conflit au niveau abstrait, il n'y en aura pas au niveau concret. Ceci est dû au fait que les permissions concrètes sont déduites des permissions organisationnelles, de même pour les interdictions. Donc on résout les conflits potentiels au niveau abstrait On décide pour cela de donner des priorités aux interdictions et permissions du niveau abstrait. Cependant, si le conflit subsiste (par exemple: l'interdiction et la permission on même priorité) alors Or-BAC prévient le concepteur de la politique. Celui-ci choisit alors de modifier les règles liées aux privilèges, ou le niveau des priorités des privilèges.

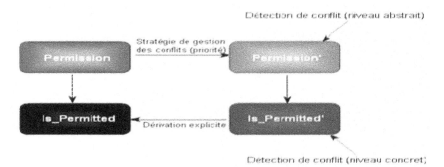

Figure 11. Gestion des conflits du modèle Or-BAC

Donc, Or-BAC simplifie la conception de la politique de contrôle d'accès en automatisant la dérivation des permissions, il a l'avantage d'offrir une politique mixte qui gère les problèmes conflictuels.

II.2. APPLICATION DU MODELE OR-BAC A LA DEFINITION DE LA POLITIQUE DE SECURITE RESEAU : CAS DU LAN DE PRODUCTION D'UNE BANQUE

II.2.1. LES ORGANISATIONS

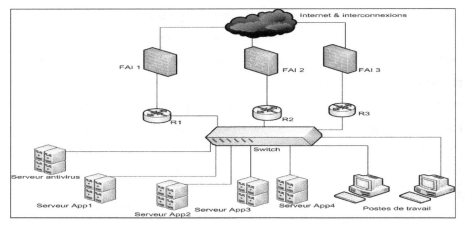

Figure 12. Architecture du LAN de production d'une banque

L'organisation dans le cas d'une politique de sécurité réseau est une organisation au sens Or-BAC réunissant un ensemble de matériel réseau utilisé pour les contrôles d'accès à ce dernier. Sa structure est donnée par le schéma de hiérarchie d'organisation suivant :

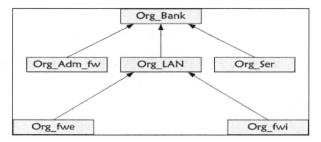

Figure 13. Hiérarchie d'organisations du LAN de production d'une banque

La hiérarchie proposée est la suivante :

- l'organisation Org_Bank représente la banque dans son intégralité

- le réseau local de l'organisation *Org_LAN ;*

  o   la passerelle externe *Org_fwe* ,

  o   la passerelle interne *Org_fwi* ,

- les serveurs d'applications de la banque *Org_ser ;*
- l'administration des passerelles *Org_admin_fw.*

II.2.2. LES SUJETS ET ROLES

Les entités actives qui manipulent les objets sont appelées *sujets*. Ces derniers possèdent des autorisations (droits d'accès) sur les objets et demandent d'y accéder. Un sujet peut être considéré comme un objet dans le cas où ce dernier est susceptible d'être manipulé par un autre sujet. Dans un environnement réseau, une machine peut être considérée comme un sujet car se chargeant de contacter d'autres machines à travers le réseau. Elle peut également être considérée comme un objet dans la mesure où elle est manipulée par un utilisateur est ici le sujet. Dans le formalisme OrBAC, les sujets sur lesquels peuvent être appliqués les mêmes règles de sécurité forment un même rôle. Voici quelques rôles envisagés dans le cas du LAN de production d'une banque :

- *Private_host* : rôle pouvant être joué par un hôte de la partie privée du réseau de l'organisation hors zones d'administration ;

- *Int_firwall* : rôle pouvant être joué par les interfaces des firewalls ;

- *Adm_fw_host* : rôle joué par les hôtes d'administration des passerelles ;

- *Adm_Ntwork* : rôle joué par les administrateurs du réseau ;

- *Server* : rôle pouvant être joué par un serveur quelconque ;

- *Ser_Appn* : rôle joué par un serveur d'applications Appn qui veut contacter celui d'une autre agence;

- *Ser_Mess* : rôle joué par le serveur de messagerie interne ;

- *Multi_ser* : rôle joué par un serveur multiple ;

- *Chef_Division* : rôle joué par les chefs de division de la banque ;

- *Chef_département* : rôle joué par les chefs de départements de la banque ;

- *Chef_agence* : rôle joué par un chef d'agence ;

- *Sous_directeur* : rôle joué par un sous directeur ;

- *Directeur* : rôle joué par un directeur ;

- *DGA* : rôle joué par le Directeur Général Adjoint ;
- *DG* : rôle joué par le Directeur Général ;

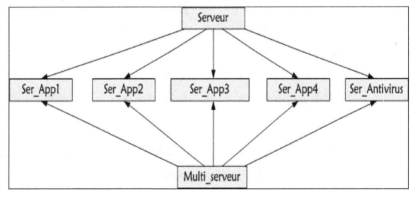

Figure 14. Hiérarchie des rôles (spécialisation /généralisation)

II.2.3. SERVICES OFFERTS PAR LE RESEAU LOCAL DE L'ORGANISATION ET HIERARCHISATION : ACTIONS/ACTIVITES

Nous présentons ci-après une hiérarchie des activités possibles correspondant aux principaux services réseaux de la banque.

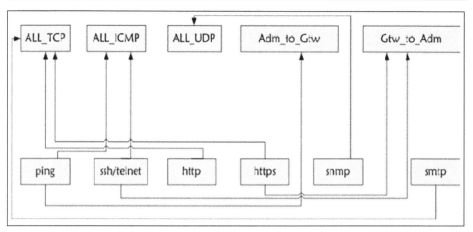

Figure 15. Différents services du réseau d'une banque

II.2.4. DEFINITION DES VUES ET HIERARCHISATION

Une vue est un ensemble des objets auxquels s'appliquent les activités.

Au niveau réseau, un objet *t* de la vue *Target* a deux attributs :

- *content* : données transmises lors de l'utilisation du service,
- *dest* : destinataire du service identifié par son rôle (peer-role).

On peut obtenir notion de sous-vue conformément au rôle du destinataire.

On peut également dériver les vues et sous-vues à partir des rôles et sous-rôles *to_target(role)* ; dans ce cas, ces vues et sous-vues constituent la cible sur laquelle les rôles et sous-rôles exercent des activités.

II.2.5. QUELQUES ORG_BANK_PERMISSIONS

Nous avons présenté plus haut dans cette section la syntaxe suivante des permissions :

☞ Permission : org × rôle × activité × vue × contexte.

59

Nous définissons ci-après quelques permissions sur la hiérarchie d'organisations existantes :

- *Permission (Org_LAN, admin_fw_host, admin_to_gtw, to-target(firewall), default)* ce qui traduit la règle de sécurité suivante : dans l'organisation *Org*, un hôte jouant le rôle d'administrateur des firewalls a la permission d'utiliser les services d'administration des firewalls en toutes circonstances ;

- *Permission (Org_LAN, private_host, smtp, to-target(ser_App2), default);*

- *Permission(Org_LAN, admin_server, all_tcp, to-target(multi_server), default);*

- *Permission(Org_LAN, admin_ntwork, snmp, to-target(firewall), default);*

- *Permission(Org_LAN, DGA, all_tcp ∧ all_icmp, to-target(server), default);*

- *Prohibition(Org_LAN, private_host, adm_to_gtw , to-target(firewall), default);*

II.2.6. DERIVATION DES PERMISSIONS

Les nouvelles permissions peuvent être dérivées à partir des permissions existantes de manière suivante :

Permission (org, role, act, view, context)

  ∧ sub_organization(sub_org,org)

  ∧ Relevant_role(sub_org,role)

  ∧ Relevant_act(sub_org,act)

  ∧ Relevant_view(sub_org,view)

    → Permission (sub_org, role, act, view, context)

Dérivation à partir des hiérarchies et de l'héritage

Permission (Org_LAN, admin_fw_host, admin_to_gtw, to-target(firewall), default)

$\rightarrow$ *Permission (Org_fwe, admin_fw_host, admin_to_gtw, to-target(ext_firewall), default).*

Dérivation des permissions concrètes à partir des permissions abstraites

Permission (Org_Bank, admin_ntwork, UDP, to-target(firewall), default)

> $\wedge$ *Habilite (Org_Bank, JJ, admin_ntwork)*

> $\wedge$ *Utilise (Org_Bank, fwe, firewall)*

> $\wedge$ *Considère (Org_Bank, SNMP, UDP)*

> $\wedge$ *Définit (Org_Bank, JJ, SNMP, fwe, default)* $\rightarrow$ *Est_permis (JJ, SNMP, fwe)*

CONCLUSION

Nous nous sommes intéressés dans la première partie à l'audit de sécurité du réseau informatique d'une banque. Ceci nous a permis, grâce aux outils libres, de décrire la démarche à suivre pour l'évaluation du niveau de vulnérabilités sur ce réseau. Les recommandations faites par la suite, si elles sont mises en œuvre, permettent de minimiser les risques d'attaques sur le réseau informatique de l'organisation.

Dans la deuxième partie, nous avons fait un état de l'art des modèles de sécurité avant de nous arrêter sur le modèle Or-BAC qui est l'un des plus utilisés de l'heure. La phase pratique de cette partie, consacrée à l'application du formalisme Or-BAC sur le réseau interne d'une banque, nous a permis de dérouler les divers aspects de ce formalisme sur un plan plus concret.

Toutefois, la sécurité d'un SI étant un secteur très sensible, nous n'avons travaillé que dans la limite des possibilités offertes. Nous avons la conviction qu'une approche similaire, utilisée par le personnel spécialisé d'une banque, peut trouver une bonne application de cette étude mais aussi de l'étendre, le cas échéant, sur d'autres agences dans le cadre d'une politique de sécurité réseau globale. Le modèle Or-BAC favorise cela à travers PolyOrbac. Une fois la définition finalisée, la mise en œuvre de cette politique de sécurité est facilitée par l'utilisation du prototype MotOrBAC qui est un outil d'administration et de simulation des politiques de sécurité.

Enfin, l'élaboration d'une charte d'utilisation du réseau informatique et surtout une sensibilisation des utilisateurs du réseau sur le bien fondé de ces mesures de sécurité ainsi que leur importance sur la pérennité du SI est une étape non négligeable pour l'effectivité de ces mesures.

BIBLIOGRAPHIE

☞ Abdalla ALTUNAIJI, Hugo ETIEVANT, Remy FABREGES, Benoît MAYNARD, Jean-François RODRIGUEZ, Yohan VALETTE. Mise en place d'un réseau sécurisé - R5. Université Claude Bernard - Lyon 1, Maîtrise IUP Génie Informatique Réseau, Novembre 2002.

☞ Claude Gross. Configuration du logiciel Apache : aspects sécurité. Unité Réseaux du CNRS, 1997.

☞ CLUSIF (Club de la sécurité des systèmes d'information Français) à www.clusif.asso.fr.

☞ CRU (comité réseau des universités) à www.cru.fr.

☞ David Burgermeister, Jonathan Krier. Les systèmes de détection d'intrusions. Disponible sur http://dbprog.developpez.com, mai 2008.

☞ DCSSI (Direction Centrale de la Sécurité des Systèmes d'Information) www.scssi.gouv.fr.

☞ François DAGORN. Sécuriser les réseaux par la connaissance des usages : cours de Master 2, Université de Yaoundé I, 2007.

☞ Frédéric CUPPENS et Alexandre MIEGE. Or-BAC: Organization Based Access Control. ENST Bretagne, Campus de Rennes 2, rue de la Chataigneraie 35576, Cesson Sévigné CEDEX.

☞ Frédéric JACQUENOD. Administration des réseaux. Editions CampusPress, Paris, 2002.

☞ G. Florin, S. Natkin. La sécurité. Cours du CNAM.

☞ Guillaume Desgeorge. La sécurité des réseaux. Disponible sur http://www.guill.net/, mai 2008.

☞ Jean-François PILLOU. Sécurité - Méthodologie d'une intrusion sur un réseau. Comment Ça Marche (http://www.commentcamarche.net/), 2008.

☞ Martin Roesch. L'écriture de règles Snort. version originale par Martin Roesch traduction française par Denis Ducamp, 2001.

☞ Nmap. Documentation de référence : http://insecure.org/nmap/man/fr/man-port-scanning-techniques.html, mai 2007.

☞ Or-BAC. Site officiel du modèle: http://www.orbac.org, mai 2007.

☞ Patrick Chambet. Tests d'intrusion réseau, système, applicatifs, http://www.chambet.com.

☞ Richard CHBEIR. Récapitulatif des enjeux et de la mise en place d'une politique de sécurité dans un réseau informatique, Paru dans la Revue de l'EPI n° 97 de Mars 2000, www.epi.asso.fr.

☞ Taher ALLAOUI. Audit de Sécurité du Système d'Information de l'Entreprise. Centre National de l'Informatique, 2004.

☞ Wikipedia. Sécurité du système d'information, 2008.

☞ http://projet.piratage.free.fr/menaces.html, mai 2007.

Une maison d'édition scientifique

vous propose

la publication gratuite

de vos articles, de vos travaux de fin d'études, de vos mémoires de master, de vos thèses ainsi que de vos monographies scientifiques.

Vous êtes l'auteur d'une thèse exigeante sur le plan du contenu comme de la forme et vous êtes intéressé par l'édition rémunérée de vos travaux? Alors envoyez-nous un email avec quelques informations sur vous et vos recherches à: info@editions-ue.com.

Notre service d'édition vous contactera dans les plus brefs délais.

Éditions universitaires européennes
est une marque déposée de
Südwestdeutscher Verlag für
Hochschulschriften GmbH & Co. KG
Dudweiler Landstraße 99
66123 Sarrebruck
Allemagne

Téléphone : +49 (0) 681 37 20 271-1
Fax : +49 (0) 681 37 20 271-0
Email : info[at]editions-ue.com
www.editions-ue.com